Sagen und Geschichten aus dem Teufelsmoor

Band 1

Wo Hüklüt einst im Sumpf versank – das Teufelsmoor und umzu

Erste Ausgabe 2005 bei Verlag M. Simmering, Lilienthal.
Jetzt aufgeteilt auf vier Bände:
Sagen und Geschichten aus dem Teufelsmoor:
Band 1: Wo Hüklüt einst im Sumpf versank – das Teufelsmoor und umzu, ISBN 978-3-95494-256-5
Band 2: Beiderseits derWümme: im Lande der Gräser und im Reich der Hünensteine auf der Osterholzer Geest, ISBN 978-3-95494-257-2
Band 3: Sagen und Geschichten aus Bremen-Nord: Heimat am Strom – Vom Norden Bremens am hohen Weserufer bis zur Lesum und ins Werderland, durch Wälder und Auen in die Bremer Schweiz, ISBN 978-3-95494-258-9
Band 4: Sagen und Geschichten rechts der Weser: Zwischen Geest und Weserstrom – Von Hagen ins Osterstader Land, ISBN 978-3-95494-262-6

Wir veröffentlichen die plattdeutschen Texte von Heinz Lemmermann mit freundlicher Genehmigung seiner Familie.

Titelzeichnung: Peter Fischer, Winkeldorf

1. Auflage 2021

ISBN 978-3-95494-256-5
www.edition-falkenberg.de

Wilko Jäger

Sagen und Geschichten aus dem Teufelsmoor

Band 1

Wo Hüklüt einst im Sumpf versank – das Teufelsmoor und umzu

Edition Falkenberg

Inhalt

Ut ole Tieden

Geleitwort

Liebe Leserinnen und Leser,
vor vielen hundert Jahren erfanden unsere Vorfahren Geister und Fabelwesen, wie Moorhexen, Kobolde und Riesen, die ganze Landstriche unter ihre Fittiche nahmen.

Es entstanden Geschichten und Sagen, die sich Generation für Generation forttrugen. Oftmals wurden sie mit den Jahren sogar noch schauriger. Noch heute erzählt man sich vom Riesen, der den Weyerberg erschuf oder dem Teufel, der einen rabenschwarzen Plan ausheckte, um ein Stück Land ganz nach seinen Vorlieben zu erschaffen.

Eine finstere Gegend, die von Menschen gemieden wurde und in denen Moorhexen und Kobolde ihr zuhause fanden: Das Teufelsmoor.

Die Geschichten und Sagen rund um das Teufelsmoor finden auch heute noch großen Anklang bei Jung und Alt. Ob im Rahmen einer Wanderung durch unsere wunderschönen erhaltenen Moorlandschaften oder bei einer Fahrt über die Hamme mit dem Torfkahn.

Viele engagierte Menschen aus dem Landkreis Osterholz und der Region sorgen dafür, dass wir unsere Geschichte bewahren – mag sie noch so sehr der Fantasie entsprungen sein. So auch Wilko Jäger mit seinen Büchern über Sagen und Geschichten aus dem Teufelsmoor. Auf schaurig schöne Art und Weise erzählt er darin Mythen rund um unsere Region.

Steigen Sie mit ein in die wunderbare Welt des Teufelsmoores. Ich wünsche Ihnen viel Freude beim Lesen und lade Sie herzlich ein, danach das Teufelsmoor auch selbst einmal hautnah zu erleben.

Ihr Landrat
Bernd Lütjen

Vorwort zur Neuauflage

Bereits vor rund vierzig Jahren begann ich damit, an und um meinen Heimatort Meyenburg, dort wo das Geestland zur Wesermarsch hin sich absenkt, Geschichten aus dem Dorfleben und der weiteren Umgebung zu sammeln und aufzuschreiben. Nach und nach reifte die Idee, daraus kleine Schriften und später auch Bücher zu verfassen. Aus dieser Tätigkeit ergab sich ein nimmermüdes Interesse am »Aufspüren heimatgeschichtlicher Vorgänge im Rahmen einer nachhaltigen Kulturpflege«. Insbesondere mündlich überlieferte Sagen und alte Geschichten reizten mich, sie in Texte zu kleiden und ihnen damit eine literarische Form zu geben.

Vor siebzehn Jahren ergab es sich, dass der Lilienthaler Verlag Simmering bereit war, eine umfassende Sammlung all meiner Geschichten aus der gesamten Region herauszugeben. Schon nach relativ kurzer Zeit war das Buch vergriffen. Den Mut zu einer Neuauflage in Eigenregie brachte ich aber in kritischer Abwägung bislang nicht auf. Sagen sind im Gegensatz zu Märchen ortsgebunden und lenken schon im Kindesalter ein wachsendes Interesse auf heimatgeschichtliche Vorgänge. Wenn der Geschichte Quelle schweigt, raunt tief im Born die Sage.

Umso mehr habe ich mich gefreut, als der Bremer Verlag Edition Falkenberg an mich herantrat, um meine Sagen-Sammlung in drei Teilausgaben erneut zu veröffentlichen. Ich bedanke mich für diesen ganz in meinem Sinne zukunftsweisenden Beitrag zu einer bewahrenden Heimatkunde und wünsche den Leserinnen und Lesern eine gute Unterhaltung.

Wilko Jäger

Vorwort*

»Wo ik herkaam, is dat Land so free un wiet ...«

So beginnt eines der wohl schönsten Gedichte der norddeutschen Autorin Alma Rogge. In ihrer schlichten, ungekünstelten Muttersprache, dem Niederdeutschen, spürt die Dichterin ihrer Herkunft nach und zeichnet in beeindruckenden Sprachbildern das Wesen ihrer Heimat auf. Hier war sie zuhause, in einem Landstrich, wo die deichbewehrte Niederung der Wesermarsch, der ewige Rhythmus des Gezeitenstromes und der allgegenwärtige Himmel im Wechselspiel der Wolken die Szenerie der Landschaft bestimmen. Nehmen wir die umgrenzende, von eiszeitlichen Moränen geprägte Geest dazu und

* Das Vorwort bezieht sich auf alle vier Bände, siehe Impressum.

wagen wir uns zudem noch in die abseitigen Gefilde des Teufelsmoores, so steht uns jene vielgestaltige Heimatregion vor Augen, auf deren Orte die Geschichten des vorliegenden Buches hinweisen und von deren Menschen sie als Erzählgut bewahrt wurden.

Es sind Sagen und Geschichten aus alter Zeit, die ich als Autor und Herausgeber über viele Jahre gesammelt, sprachlich neu gestaltet und häufig mit eignen Zeichnungen illustriert habe. Vielfach hielt ich auch mündliche Überlieferungen fest, so zum Beispiel die Geschichten meiner Großmutter aus dem alten Lesum, dem Ort meiner Kindheit. Hinter all dem steht mein ständiges Bemühen, Heimatgeschichte nachhaltig zu vermitteln und so den hier lebenden Menschen auf ihrer Suche nach lokaler Identität eine Hilfe an die Hand geben.

Angesichts eines tiefgreifenden Wandels unserer Lebensbedingungen in einer

Umwelt ständiger Veränderung wächst die Sorge um den Verlust des Vertrauten. Die fortschreitende Globalisierung in der Wirtschafts- und Arbeitswelt zwingt viele Menschen zu größtmöglicher Mobilität. Sie werden notgedrungen zu »Arbeitsnomaden«. So bleibt ihnen über eine lange Zeit verwehrt, sich in ihrer angestammten Heimat ein bleibendes Zuhause einzurichten.

Zeugnisse regionaler Kultur und ihrer Geschichte werden ihnen zunehmend fremder. Ich bin besorgt darüber, wie wenig junge Menschen oft über das Land ihrer Herkunft wissen. Europa wächst mehr und mehr zusammen. In einem friedlichen Miteinander unterschiedlichster Regionen werden sich die Menschen begegnen, voneinander lernen und ihre kulturellen Eigenarten respektieren. Das erfordert ein hohes Maß an gegenseitigem Verständnis und heimatlichem Selbstbewusstsein.

Während der Schulzeit galt meine Bewunderung einem engagierten Geschichtslehrer, der es überzeugend verstand, mit einem Kreidestück in der Hand auf einer größtmöglichen Tafelfläche Geschichtsabläufe packend zu schildern.

Dieser gute Mann beflügelte meine Vorstellungskraft und prägte mein Wissen um die Geschehnisse einer ereignisreichen Vergangenheit in Heimat und Welt.

Wer sich mit der Geschichte unseres Landstriches zwischen Teufelsmoor und Weserstrom befasst, stößt dabei unwillkürlich auf Namen wie Heinrich Schriefer, Johann Segelken, Hans Wohltmann oder Friedrich Kühlken. Alle vier gestandene Schulmeister, denen die umfassende Vermittlung einer Heimatkunde eine Angelegenheit des Herzens war. In dankbarer Anerkennung nehmen wir wahr, mit wie viel Fleiß und Akribie und ganz ohne Computer sie ihre Werke zu Papier gebracht haben.

Sie und viele andere standen posthum Pate bei diesem Buch. Unter gleichem Titel erschien bereits im Jahre 1994 eine Erstauflage. Vom Umfang her jedoch übertrifft diese die Neuauflage um das Vierfache.

So gesehen lohnt sich die Lektüre allemal, finden sich doch auch noch als willkommene Zugabe einige der Sagen, die von Dr. Heinz Lemmermann aus Lilienthal-Trupe ins Niederdeutsche übertragen wurden. Und nun viel Freude beim Lesen.

Wilko Jäger

Hüklot und der Weyerberg

Zu einer Zeit, als es hierzulande noch Riesen gab, die an Größe einen Kirchturm leicht überragten und es an Kraft mit tausend Männern aufnehmen konnten, hauste einer von ihnen in den Bergen des Harzes. Sein Name war Hüklot. Mit unersättlicher Fressgier griff er sich Ochsen und andere Tiere. Ja, selbst Menschen verschonte er nicht. Saglose Angst befiel darob die Bewohner des Landes. Ihr Herzog, Rugbrok mit Namen, war fest entschlossen, dem Schrecken ein Ende zu bereiten. Er versprach demjenigen, dem es gelänge, das Land von Hüklot zu befreien, seine Tochter Meta zur Gemahlin.

Als Herzog Rugbrok eines Tages ein großes Fest auf dem Blocksberg abhielt, kamen viele seiner Landeskinder, um ihn zu beschenken. Zu ihnen gehörte auch Dietrich, ein Fischer aus dem flachen Lande zwischen den Strömen der Elbe und der Weser. Mitten im fröhlichen Tanz trat plötzlich Hüklot in die Menge. In panischer Angst verkrochen sich die Menschen unter Felsen und Buschwerk. Der Fischer Dietrich und die Herzogstochter jedoch konnten dem Zugriff des Hünen nicht entkommen. Hüklot freute sich wie ein Kind über das winzige Spielzeug in seiner Hand. Die Herzogstochter schenkte er seinem Weibe, während er Dietrich nicht aus den Augen ließ. Dietrich merkte wohl, dass der Riese Gefallen an ihm fand. Und so erzählte er dem nimmersatten Unhold, der ihm begierig zuhörte, von den vielen Fischen in seiner Heimat, die sich gar leicht fangen ließen.

Eines Tages konnte es Hüklot voll Ungeduld nicht mehr erwarten, endlich in das Tiefland hinabzusteigen, um die Fische wie Ochsen mit den Händen zu greifen. Er setzte Dietrich auf seinen Kopf, damit er ihm den Weg weise. In der Gegend um Bremen stapfte der Hüne durch eine weite

Dünenlandschaft. Der Fischer riet ihm, mit dem Sand seine Fellschürze zu füllen. Zur Not könne er damit in Sumpf und Morast einen besseren Halt finden. Der ahnungslose Hüklot befolgte den Rat. Als er jedoch bei der Hammemündung einen zu hastigen Schritt tat, glitt ihm ein Schürzenzipfel aus der Hand. Ein wenig Sand rieselte zu Boden. Der Hüne besah sich seine Hinterlassenschaft und meinte, dass auf dem Hügel wohl auch Menschen horsten könnten. An dieser Stelle steht noch heute das alte Dorf Wasserhorst. Dietrich schlug dem Riesen vor, hier ein wenig zu warten. Er selbst wolle vorauslaufen, um im Sumpfland nach festem Grund zu suchen. Später gab er Hüklot ein Zeichen. Dieser tat hastig einen mächtigen Schritt und trat mitten ins tiefste Moor.

Augenblicklich versank er bis zu den Hüften im Morast. Der Hüne brüllte vor Wut und ruderte wild mit den Armen, doch das Moor hielt ihn fest. In sicherer Entfernung stand Dietrich und verhöhnte den Unglücklichen. Außer sich vor Zorn packte Hüklot die Sandschürze, um sie auf den Fischer zu schleudern. Zum Glück traf er weit daneben. Das Gebrüll des Riesen hatte viele Menschen angelockt. Sie schossen mit Pfeil und Bogen nach ihm, konnten aber damit dem Koloss nichts anhaben. Der Hunger quälte Hüklot. Völlig entkräftet versank er schließlich im Moor. Der Sand aus der Schürze aber war fortan als stattlicher Berg weithin in der Niederung zu sehen. Nach dem Wind, der ihn umwehte und mit dem Sand sein Spiel trieb, wurde er »Weiherberg« genannt.

Herzog Rugbrok machte sein Versprechen wahr und vermählte seine Tochter Meta, die inzwischen der Hünenfrau entkommen war, mit dem Hüklotbezwinger Dietrich. Nach Rugbroks Tod trat der einstige Fischer an seine Stelle. Von der

Wulfsburg bei Osterholz aus sorgte er noch viele Jahre für Glück und Frieden im ganzen Lande.

Wie der Weyerberg entstand

Zu uralten Zeiten herrschte im weiten Küstenland zwischen Ems und Elbe der Eisriese Fries. Er wurde jedoch nach langem Kampf vom Sonnenriesen Sol besiegt und vertrieben. Sols Herrschaft währte nur kurze Zeit, denn schon bald bemächtigte sich der Waldriese Wey des Landes. Wey war ständig auf der Hut vor dem Eisriesen, dessen Rückkehr er fürchtete. So pflanzte er vielerlei Bäume, um sich einen dichten Wald zu schaffen, in dem er sich verstecken konnte.

Und tatsächlich beschloss der Eisriese Fries, als er einsehen musste, dass er Wey nicht besiegen konnte, das Waldland zu zerstören. Mit den Wassergeistern im Bunde ließ er eine gewaltige Flut in die Ebene strömen. Die Wassermassen rissen alles mit sich fort. Die anbrandenden Wogen spülten tiefe Löcher ins Erdreich und wuschen weite Mulden aus.

Bäume wurden entwurzelt. Ja, ganze Landstriche trug die Flut mit sich fort. Der Waldriese Wey musste mit ansehen, wie das verheerende Hochwasser auch bald seinen Lieblingsplatz, eine von mächtigen Bäumen umstandene Anhöhe, bedrohte. Beherzt warf er sich zu Boden und beschützte ihn mit dem eigenen Leib. Seine Arme umschlossen den vertrauten Ort. Wild tobte die Brandung um seinen Riesenleib. Oft war er dem Ertrinken nahe, doch es gelang ihm auszuharren. Da endlich ebbte die Flut ab. Allmählich verlief sich das Wasser. Als Wey sich aufrichtete, stellte er voller Freude fest, dass sein Lieblingsplatz tatsächlich von dem Unheil verschont geblieben war.

Wie ein kleiner Berg ragte er aus der Ebene auf. So soll der Weyerberg entstanden sein.

Wie das Teufelsmoor zu seinem Namen gekommen ist

Ein dienstbarer Geist des Höllenfürsten, der seine Zunge nicht im Zaume halten konnte, hatte es einmal gewagt, die Großmutter seines Gebieters zu beleidigen. Der Teufel war außer sich vor Zorn, sah er diesen Vorfall doch als die schlimmste Entgleisung an, die sich jemand in seinem Reich zu Schulden kommen lassen konnte. So erhielt der Höllengehilfe auch eine außergewöhnliche Strafe. Zur Abkühlung seines Übermutes wurde er dazu verurteilt, ein Jahr lang einem Moorbauern im Teufelsmoor zur Hand zu gehen. Um ihm nun ein menschenwürdiges Aussehen zu geben, wurden dem Armen kurzerhand Schwanz, Hörner und Klauen abgeschnitten und ein Knechtsgewand übergestreift. Mit einem kräftigen Fußtritt beförderte man ihn nach »oben«.

Als jetzt der Verurteilte so ganz verlassen im dunkelsten Moor stand, wurde er plötzlich von kräftiger Hand gepackt und vor eine einsame Moorkate gezerrt. Es war der Teufel selbst, der in der Gestalt eines Viehhändlers mit lauter Stimme Einlass begehrte. Verwundert musste sich der Torfbauer anhören, wie ihm der Fremde einen verängstigten Knecht anbot, der ohne Verdienst bei ihm arbeiten solle. Er möge ihn gehörig in die Zucht nehmen, damit ihm nicht sobald wieder das Fell jucke. Damit stieß er den Knecht ins Haus und ging davon. Dem verdutzten Bauern kam die billige Hilfe gerade recht. Er wies dem Knecht eine Schlafstelle hinter dem Pferdestall an. Am nächsten Morgen schon nahm er ihn mit ins Moor. Dort lernte der Neue, wie man Torferde abgräbt und sie zu Soden sticht. Anstellig und gehorsam führte er alle Arbeiten aus. Doch die Nässe unter seinen Sohlen machte dem Höllensohn arg zu schaffen.

Wenn er nur wenige Augenblicke auf einer Stelle stand, quoll Dampf unter seinen Füßen, von denen der eine einem Pferdehuf täuschend ähnlich sah, unübersehbar hervor. Misstrauisch bemerkte dies der Torfbauer, schwieg aber dazu, war doch der Gehilfe über alle Maßen fleißig und geschickt bei der Arbeit. »Einem geschenkten Gaul schaut man nicht ins Maul«, sagte er sich schließlich.

Der Knecht spürte gar bald, wie sich von der harten und ungewöhnlichen Arbeit sein Rücken einem Säbel gleich zu krümmen begann. Wie sehnte er sich danach, wieder um die Pfannen mit siedendem Öl und Pech zu tanzen. Er wusste aber, dass er vor Verbüßung seiner Strafe nicht auf

Gnade hoffen konnte und fügte sich deshalb in sein Schicksal.

Nun trug es sich zu, dass gerade in jenem Jahre die Sonne mit sengender Glut das Land ausdörrte. Unser Torfbauer frohlockte darüber, denn die Torfsoden trockneten ungewöhnlich schnell. Seine Freude währte jedoch nicht lange.

Die unerbittliche Hitze hatte die oberste Moostorfdecke völlig ausgetrocknet. Entsetzt musste der Bauer mit ansehen, wie plötzlich anstelle des gewohnten Dampfes Feuerflämmchen unter den Füßen seines seltsamen Gehilfen emporzüngelten. Laut schreiend herrschte er den Knecht an, das Feuer auszutreten. Doch damit nahm das Unheil erst recht seinen Lauf. Wo immer der Geplagte auch hinsprang, setzte er erneut das Moor in Brand. Schon breitete sich dunkler Rauch über die Gegend aus und verfinsterte selbst die Sonne. Wütend jagte der Bauer den funkensprühenden Gehilfen davon und wünschte ihn zum Teufel, konnte er doch nicht ahnen, damit dem Unglücklichen den größten Gefallen getan zu haben.

Am Abend zogen schwere Regenwolken auf, und schon bald öffnete der Himmel seine Schleusen. Nur wenige Wochen später stellte unser Moorbauer verwundert fest, dass an der Stelle, wo ihm nach dem Brand Buchweizenkörner aus einem löchrigen Sack zu Boden gerieselt waren, es kräftig zu sprießen begann.

Der Buchweizen lief ungewöhnlich üppig auf. Ohne noch lange zu überlegen, bestellte nun der Bauer die ganze Brandfläche mit Buchweizen. Die Ernte übertraf alle Erwartungen. Im folgenden Jahr konnten es auch die Nachbarn kaum abwarten, Moorflächen abzubrennen. So soll der Brauch des Moorbrennens entstanden sein.

Über viele Jahre wurde auf diese Weise die Not der armen Moorbevölkerung gelindert, bis man schließlich bessere Wege fand, den Boden fruchtbarer zu machen. Unser Teufelsgehilfe aber fand nach langem Bitten und großen Beteuerungen, sich der Gnade seines Herrn würdig zu erweisen, wieder Einlass in das Höllenreich.

Der Großmutter jedoch musste der Höllensohn Nacht für Nacht eine Kiepe Torf im Moor stechen und in ihre Küche schaffen, wo selbst die nassesten Torfsoden im Nu knüppeltrocken wurden.

So ist das Teufelsmoor zu seinem Namen gekommen.

Das Moorweib

An einem Wintertage hatte sich einmal eine Mutter mit ihren zwei Kindern ins Teufelsmoor verirrt. Der Abend nahte, und in der Dunkelheit wuchs ihre Angst. Wie froh waren sie, endlich in der Ferne ein Licht zu erblicken. Schon bald gelangten sie an ein einsames Haus, dessen Fenster hell erleuchtet waren. Als nun die besorgte Mutter um ein Nachtlager und etwas Brot bat, wurde sie vor der Tür abgewiesen.

So erging es der Frau während der Nacht auch noch vor anderen Haustüren. Immer wieder erhielt sie zur Antwort: »Wir haben doch selbst nichts!« Da verzagte das arme Weib und beklagte sich im Gebet über die Hartherzigkeit dieser Menschen. Schließlich verließen es die Kräfte. Auf einem Moordamm sank es ermattet nieder und schlief mit den Kindern ein. Später wurden sie erfroren aufgefunden.

Seither erscheint im Moor in Nebelnächten die arme Frau als Spukwesen. In der Dämmerung löst sich aus dem aufsteigenden Nebel eine große graue Gestalt. Vom Nachtwind getragen schwebt das Moorweib über das Land. Und dort, wo es sich niederfallen lässt und seine graue Nebelhand auf das Dach legt, hält schon bald der Tod Einzug. Und immer wieder ist es ein Kind, das er sich holt. Die Moorbauern aber zweifeln nicht daran, dass dies der Fluch der armen Mutter bewirkt, die einst so hartherzig abgewiesen wurde.

Wie die Birke ins Moor kam

Im Landschaftsbild unserer Moore gibt es einen Baum, dessen Anmut und schlichte Schönheit seit jeher den stillen Betrachter anrührt. Es ist die Birke. Ihre weißen Stämme umgrenzen die Dämme und umstehen die einsamen Gehöfte. Das zarte Frühlingsgrün und das leuchtende Herbstocker verzaubern die oft karge Moorlandschaft. Doch das war nicht immer so. Der Sage nach soll die Birke mit Gottes Hilfe in unsere Moore gekommen sein: Als die ersten Siedler den Weg ins Teufelsmoor fanden, gerieten sie dort in eine öde Wildnis.

Nur schwerlich konnten sie sich einfache Behausungen errichten und schmale Fußwege anlegen. Wehe, wenn einer von ihnen vom Pfad abgeriet. Wie leicht konnte er in Schlamm und Morast versinken.

Einmal sandte Gott Engel auf Erden, um sich später berichten zu lassen, wie dort die Menschen ihr Leben eingerichtet hätten. Einer von ihnen blieb sehr lange aus. Als er endlich zurückkam, sprach er: »Oh, himmlischer Vater, verzeih mir meine verspätete Heimkehr. Ich gelangte in ein einsames Moor. In dem weiten Sumpfland leben die Menschen in großer Armut. Hier gibt es keine sicheren Wege und keine Bäume, die den Bewohnern die Richtung weisen und in der Sonnenglut Schatten spenden. Die öde Wildnis trägt den Namen Teufelsmoor. Nur mühsam gelang es mir, einem Menschen zu helfen, der vom Wege abgekommen war und zu ertrinken drohte. Bitte, lieber Gott, sende den Armen deine Hilfe. In unserem

Paradies wächst ein Baum, dessen Rinde so weiß ist wie Schnee. Im Teufelsmoor könnten seine Stämme bei Nacht den Weg weisen.« Gott lobte die Bitte des Engels.

Eines Morgens rieben sich die Moorleute verwundert die Augen. Überall dort, wo der Boden etwas fester war, erblickten sie Bäume mit leuchtend weißen Stämmen. Später trug der Wind ihre Samen weit ins Moorland hinein. Der Baum wurde zur sicheren Wegmarke und lieferte das Holz für die Wärme des Herdes und mancherlei Gerät. So ist die Birke als Geschenk des Himmels ins Moor gekommen.

Die Moorbraut

Öde und unwegsam war einst das große Teufelsmoor. In Armut und Mühsal plagten sich die Menschen. Nur schmale Pfade und Stege führten zu ihren Häusern, die abseits in der weiten Mooreinsamkeit standen. Und wenn an Nebeltagen Baum und Strauch gespenstisch umhüllt waren, empfanden die Moorleute diese Stille oft als eine unheimliche Bedrückung. Zur Herbstzeit trat die Hamme über die Ufer und überflutete die ganze Niederung. Stürme fegten darüber hin, peitschten die Baumkronen und heulten schaurig um Mauern und Wände. Solche Bilder nährten die Fantasie der Menschen, und es ist nicht verwunderlich, dass sich in ihren Geschichten rätselhafte Geschehnisse niederschlugen.

Ein junger Moorbauer liebte ein Mädchen, das er heiraten wollte. Er war fleißig und sparsam. Noch wenige Tage vor der Hochzeit belud er sein Schiff mit Torf, um die Ladung in die Stadt zu bringen und sie dort zu verkaufen. Vom Erlös wollte er die Hochzeitsfeier ausrichten. Es war ein stürmischer Herbsttag. Nur mühsam kam der junge Moorbauer mit seinem Torfkahn voran. Lange noch blickte die Braut vom Ufer aus dem schwarzen Segel nach.

Am nächsten Tag erwartete sie den Verlobten zurück. Wieder stand sie am Hammeufer und hoffte, alsbald das schwarze Segel in der Ferne auftauchen zu sehen. Doch die Stunden vergingen. Immer wieder ging sie hinaus an den Fluss, um endlich den geliebten Mann in die Arme schließen zu können.

Der Abend nahte. Es wurde Nacht. Angstvoll blickte die junge Braut auf das dunkle Wasser. Da tauchte wie ein Spuk der Torfkahn aus dem Dunkel auf. Wind und Wellen setzten ihm arg zu, und urplötzlich zerbrach das Schiff. Der Wind flaute ab. Eine unheimliche Stille legte sich auf das Land.

Sooft auch das Mädchen an den nächsten Tagen ans Ufer trat, der Bräutigam kehrte nicht mehr zurück. Der Verlust des Geliebten wurde zu einer schrecklichen

Gewissheit. Die arme Braut verfiel in Schwermut. Jahr um Jahr eilte sie an dunklen Sturmtagen ans Hammeufer. Wurde sie gefragt, was sie denn dort wolle, so gab sie stets die gleiche Antwort: »Mien Brögam kummt ja vondaag. He hett mi ropen.« Eines Tages trat die »Moorbraut«, wie sie nun in der Gegend genannt wurde, im dichten Nebel an das flutende Wasser. Ohne innezuhalten drängte sie tiefer in die Flut, bis sie schließlich ertrank.

Doch ihre Seele findet immer noch keine Ruhe. An dunklen Nebeltagen, so heißt es im Teufelsmoor, kann man noch heute ihre klagende Stimme vernehmen.

Ein seltsames Gastspiel

Die Nacht ist bereits angebrochen, als ein Spielmann wandernden Schrittes am Rande des Moores ein kleines Gehölz durchquert. Plötzlich hält er verwundert inne, denn unerwartet steht er vor einem hell erleuchteten Haus. Merkwürdig, warum nur war ihm das Gebäude in dieser Gegend noch nie vorher aufgefallen? Die Neugier treibt ihn. Mit gebotener Vorsicht nähert er sich einem der vielen Fenster.

Staunend erblickt er einen großen Saal mit einer festlich herausgeputzten Hochzeitsgesellschaft. In prächtigen Gewändern lustwandeln dort Hexen und Hexenmeister jedweden Alters, führen angeregte Gespräche und begegnen sich mit galanten Manieren. Eigentlich, so überlegt der heimliche Beobachter, müsste hier ein Musikant zum fröhlichen Tanze aufspielen. Nur schade, dass er sein vertrautes Instrument, die Klarinette, nicht dabeihat. Und als er sich noch in Gedanken versunken am Geschehen ergötzt, wird er auch schon von ein paar jungen Hexen entdeckt, die eiligst zur Tür stürmen und ihn bitten hereinzukommen.

»Musikant, spiel' uns zum Tanze auf!«, wird er fortwährend genötigt. »Woher nur wissen sie, dass ich ein Spielmann bin?«, fragt sich der überraschte Gast, macht sich aber im gleichen Augenblick genüsslich über Speisen und Getränke her, die ihm bereitwillig angeboten werden. »Dat deiht mi leed! Ik heff min Klanett nich bi mi.«, bemüht er sich zu entschuldigen. »O, dar is Raat to«, antwortet eine auffallend schöne junge Hexe und hält ihm flugs eine Klarinette entgegen, wie er sie kostbarer noch nie gesehen hat.

»Sie soll dir gehören, wenn du bereit bist, uns heute Nacht zum Tanze aufzuspielen«, lockt ihn die Hexenschönheit.

Das muss sie dem jungen Mann kein zweites Mal sagen. Mit Eifer und Hingabe spielt dieser nun Tanz für Tanz und findet auch noch ausreichend Zeit, für sein leibliches Wohl zu sorgen. So wunderbar leicht lässt es sich auf dem Instrument blasen, gerade so, als ob sie von selbst spiele.

Da tönt laut und vernehmlich ein einziger Glockenschlag vom Dache, und augenblicklich ist alles verschwunden.

Unser Musikant reibt sich verstört die Augen. Er sitzt allein in völliger Dunkelheit, doch nicht mehr auf weichem Samtsessel, sondern auf feuchtem Moospolster, und statt der kostbaren Klarinette hält er in seinen Händen eine tote Katze!

Das tapfere Mädchen

Vor langer Zeit lebte draußen im Moor ein armer Torfbauer mit seiner Frau und einem einzigen Kind. Zwar hatte er einen überaus reichen Verwandten, der aber ein unverbesserlicher Geizhals war und sich auch weiter nicht um ihn und seine Familie kümmerte. Auch stand er in dem Ruf, sich heimlich mit Hexenwerk und Zauberei abzugeben. Und wenn ihn der Arme doch einmal gelegentlich um Hilfe bat, pflegte der Reiche stets zu sagen: »Giff mi dien Kind in mien Haus, denn will ik di helpen.« Das aber hätte er nie übers Herz gebracht, denn er und seine Frau liebten das Kind, ein hübsches und kluges Mädchen, über alle Maßen.

Als nun eines Tages die Tochter mit einer Bestellung zu dem alten Sonderling geschickt werden muss, schärfen ihr die Eltern mehrfach ein, auf keinen Fall etwas von dem, was ihr der Alte zu essen oder zu trinken anbieten würde, in den Mund zu nehmen. Das Mädchen verspricht, streng darauf zu achten.

Hoch erfreut über seinen Besuch geleitet der Alte das Kind ins Haus. Dort nimmt er einen halben Apfel vom Ofen und ermuntert die Kleine, ihm zuliebe das Stück aufzuessen.

Zur Belohnung dürfe sie dann in seine Geldkiste greifen und soviel herausnehmen, wie sie tragen könne. »Aber erst musst du den Appel äten!«, ruft er seinem kleinen Gast noch zu, als er den Raum verlässt. Das Mädchen ist allein. Das saftige Apfelstück lockt, und groß ist die Versuchung, die Kiste zu öffnen. Doch davor schreckt es ängstlich zurück, denn auf dem Deckel züngelt eine arglistige Schlange nach ihm. Da hört es die Schritte des Alten. Rasch begibt es sich an seinen Platz zurück und versteckt das Apfelstück. »Hest du den Appel upäten?«, wird es sofort gefragt. »Ja«, lügt mutig die Kleine. Ob sie denn auch Geld aus der Kiste genommen habe, will der Alte wissen. »Nä« , gibt sie ihm zur Antwort, »dar liggt ja nen groten Snaken up!«

»Denn hest du den Appel ok nich äten!«, fährt er sie an, murmelt etwas in sich hinein und zieht sich wieder zurück. Kurz entschlossen begibt sich das Mädchen nach draußen. Von dem Alten wird es nicht weiter behelligt.

Daheim berichtet es den sichtlich erleichterten Eltern von seinem seltsamen Besuch und überreicht ihnen als sichtbares Beweisstück den halben Apfel. Der Vater wirft das Stück kurzerhand ins Feuer.

Und siehe da, ekelhaftes Gewürm kriecht allenthalben aus der Frucht. Dankbar umarmt die Tochter die lieben Eltern. Hätte sie vom Apfel gegessen, das ist gewiss, wäre sie fortan in der Gewalt des Zauberers gewesen.

Nächtlicher Spuk

Wenn sich in mondhellen Septembernächten Nebelschwaden wie ein unwirklicher Schleier über das Moorland legen, ist seine Zeit wieder einmal gekommen. Und wer sich nicht scheut, in die Einsamkeit hinauszugehen, wird dort in seltsamen Geräuschen seinen ruhelosen Geist wahrnehmen.

Ein Rascheln fährt durch das Gras. Man glaubt, den Schnitt einer Sense zu hören, doch die Halme brechen und fallen nicht. Ein nebelgrauer Schatten huscht gespenstisch hin und her. Bisweilen dringt auch ein Stöhnen aus einer der Moorkuhlen herauf. Der nächtliche Mäher verrichtet sein Werk. Unaufhörlich streicht seine Sense durch das Gras. Doch ihre Schneide bleibt stumpf. Mähen und mähen muss der Geplagte und kann doch schließlich keinen einzigen Halm einbringen.

Seit vielen Jahren schon ist der Geist eines Unredlichen zu dieser Arbeit in den spätsommerlichen Tagen des zweiten Schnittes verdammt. In seiner grenzenlosen Habgier hatte einst ein Moorbauer das Gras auf der Wiese des Nachbarn geschnitten, ein Vergehen, das in den Augen der Moorleute als Schandtat galt. Wer fremdes Gut nicht achtete und Grenze und Grippe einfach übersah, konnte einer furchtbaren Strafe gewiss sein.

Innehalten darf er erst, wenn sich im Osten das Morgenlicht zeigt. Doch die Stunden der Plage kehren wieder, Jahr für Jahr, wenn Mondschein und Nebel die Spätsommernächte im Moor geheimnisvoll verklären.

»Biblische« Geschichten

In ihrer Weltanschauung und in Glaubensdingen offenbarten die Moorbewohner früherer Generationen oft ein Höchstmaß an Beharrlichkeit und missbilligten hartnäckig jegliche Form »moderner« Freidenkerei, die bisweilen unter städtischem Einfluss in ihre abgeschiedene Welt hineingetragen wurde. Sie sträubten sich argwöhnisch gegen Neuerungen und Verordnungen, die man ihnen über Kanzel oder

Katheder nahe bringen wollte. »Wat nützt us Geograpfe, Natur- und Weltgeschicht', wenn us Kinner man fix Religion, Reken, Lesen und Schrieben lehrt?«, rechtfertigten die Alten ihren Standpunkt. Und es kam des Öfteren vor, dass die Moorleute ihre älteren Kinder, die zur Sommerzeit wegen der Arbeit im Moor wöchentlich zwölf Stunden vom Unterricht befreit waren, nur an solchen Tagen die Schule besuchen ließen, an denen die ihrer Ansicht nach nützlichen Fächer auf dem Stundenplan standen.

Wie dieser Widerwille gegen jegliche Neuerungen bisweilen auch groteske Züge annehmen konnte, möge am Beispiel einer kleinen Moorgemeinde und ihrem Seelenhirten deutlich werden. Einst versah hier ein junger Pastor seinen Dienst. Er verstand es meisterhaft, seine Kirchenbesucher mit warmherzigen Predigten zu überzeugen. Allerdings hatte er die

Angewohnheit, ohne Bibel die Kanzel zu besteigen, da er die vorgesehenen Texte der Heiligen Schrift in der Regel frei aus dem Gedächtnis vortrug. Eigentlich mochte man ihn in der Gemeinde. Doch ein Pastor ohne Bibel auf der Kanzel schien vielen der Kirchgänger so ungewöhnlich, dass sie schließlich einen der Kirchenvorsteher drängten, für Ordnung zu sorgen. Dieser suchte kurzerhand das Pfarrhaus auf und trug ohne Umschweife den Willen der Gemeinde vor: »Herr Pastor, dat se mi an'n nächsten Sunndag awer nich wedder ohne ehre Bibel up de Kanzel stiggt.« Der überraschte Seelsorger war ganz verblüfft, nahm sich aber die Worte zu Herzen und vertraute fortan auf den für jedermann sichtbaren Beistand der Bibel.

Sein Nachfolger hingegen gebärdete sich äußerst stranggläubig und betont bibeltreu. Mit stundenlangen Predigten und dem ständigen Vorhalten diverser Sünden und

Vergehen in seiner Gemeinde traktierte er die Kirchgänger. Die wiederum setzten sich entschieden zur Wehr und fanden zu einer einmütigen Geschlossenheit. Sie ruhten nicht eher, bis der Gottesmann seine lästigen Reformen zurücknahm, seine Predigten kürzte und somit dafür sorgte, dass den Gottesdienstbesuchern, wie sie sagten, »die Klütjen nicht kalt wurden«.

Dessen Nachfolger nun war an sich ein äußerst verträglicher Zeitgenosse. Sein Fehlverhalten allerdings drückte sich darin aus, dass er in der Bekundung des Glaubensbekenntnisses den nicäischen Text vortrug, welcher die Textzeile »Niedergefahren zur Hölle« nicht enthält. Den Verzicht auf die »Höllenfahrt« wollten die braven Moorleute in ihrer Kirche nicht so einfach hinnehmen. Sie zeterten und krakehlten so lange, bis ihr Pastor sich in der ihnen gewohnten Weise zum Glauben bekannte. »Zur Hölle mit ihnen«, mag er heimlich gedacht haben, doch schien es ihm dringend geraten zu sein, diesen oder ähnliche Wünsche nur ja nicht über seine Lippen kommen zu lassen.

Die vergiftete Braut

Vor vielen Jahren, als noch die Torffeuer auf den Dielen der Moorkaten flackerten und sich an langen Abenden die Moorleute im Widerschein der Flammen gegenübersaßen, kam es nicht selten vor, dass dabei wahrlich haarsträubende Geschichten die Runde machten.

In diesen angeblich wahren Begebenheiten zeichneten Aberglaube und schicksalsträchtige Vorsehung oft ein unheimlich anmutendes Bild der Geschehnisse.

Einst soll es zwei Schwestern gegeben haben, die beide einem Jüngling aus der Nachbarschaft sehr zugetan waren.

Doch das ältere der Mädchen setzte alles daran, diesen für sich zu gewinnen. Und zunächst schien es auch so, dass der junge Mann bereit war, dessen Zuneigung zu erwidern. Allein die jüngere und sichtlich hübschere der Schwestern wollte sich nicht mit diesem Zustand abfinden und verstand es schließlich, das Herz des Angebeteten für sich zu gewinnen. Als beider bevorstehender Gang zum Traualtar offenkundig wurde, sann die Betrogene auf Rache. Sie ließ sich aber im Umgang mit ihrer Schwester nichts anmerken und zeigte sich den Liebenden gegenüber äußerst freundlich und hilfsbereit.

Am Vorabend der Hochzeit überbringt sie der Braut das übliche Geschenk und sucht mit gespieltem Interesse das Gespräch. So ganz beiläufig wirft sie ein: »Süh, man god, dat mi dat noch infullen is. Ik heff hier noch so schöne Beern bi mi, sööt as Zucker. In eene heff ik all mal rinbäten, awer darum magst du se ja woll noch mögen.« Damit reicht sie der Ahnungslosen eine Birne, von der bereits ein Stück abgebissen wurde und entfernt sich eiligst. Die Braut beißt kräftig zu und spürt sogleich wie wohlschmeckend die Frucht ist. So isst sie die Birne gänzlich auf. Nur Augenblicke vergehen, und das Mädchen fühlt heftigen Schmerz.

Plötzlich sinkt es zu Boden und krümmt und windet sich stöhnend unter großen Qualen. Angehörige treten heran und schicken in wachsender Sorge zum Arzt. Die Zeit drängt. Schon glauben die Umstehenden, dass die so sehr leidende Braut wohl umgehend sterben müsse. Dann aber erbricht sie sich unverhofft und würgt eine ganze Molle von Eidechsen aus sich heraus. Doch trotzdem tritt keine sichtliche Besserung ein. Da verabreicht ihr eine Nachbarin, die mit allerlei nützlichen Arzneien und Zaubermitteln umzugehen weiß, einen besonderen Trunk. Kaum hat die Leidende einen Schluck davon getan, da fährt unter heulenden und zischenden Geräuschen ein nicht zu erkennendes Wesen blitzschnell aus ihrem Munde, durchdringt die Hauswand und verschwindet ins Freie. Die Braut atmet erleichtert auf und kommt zusehends wieder zu Kräften. »Wenn se nu mal dat letzte Mittel nich nahmen harr, wat denn?«, meint einer der Anwesenden. »Keen Doktor harr ehr helpen kunnt.«

Der Pastorensee

Nahe dem Dorfe Otterstedt liegt inmitten einer hügeligen Geestlandschaft ein stiller See, der gern von Wanderern aufgesucht wird. Er trägt den Namen »Pastorensee«.

Zu jeder Jahreszeit offenbart er all jenen Menschen, die an sein Ufer treten oder ihn sehenden Auges umwandern, seine schlichte Schönheit. Doch wer ihn an einem sonnenklaren Tag aufsucht, wenn sich ein wolkenloser Himmel tiefblau auf seiner Oberfläche spiegelt, glaubt bei längerer Betrachtung in seinen Fluten schemenhaft die Umrisse einer Kirche zu erkennen. Und immer wieder wurde davon erzählt, dass in einer Neujahrsnacht oder an heiteren Maitagen aus der Tiefe des Sees, dumpf und geheimnisvoll, ein Glockenläuten zu vernehmen gewesen sei. An diese wunderliche Wahrnehmung knüpft sich folgende Sage: Der Teufel selbst soll sich einmal schrecklich darüber geärgert haben, dass er es trotz aller Versuche nicht geschafft hatte, den Bau einer Kirche in Otterstedt zu verhindern. Der Anblick des geweihten Gotteshauses bereitete ihm Tag für Tag aufs neue Verdruss. Und als er zu allem Übel auch noch erleben musste, wie seine Hexen, die alljährlich mit ihm auf der

Otterstedter Heide zu ausschweifenden und grausen Tänzen und Spielen zusammentrafen, aus Furcht vor der geweihten Stätte ausblieben, packte ihn eine teuflische Wut. Und er schwor, die verhasste Kirche zu vernichten.

In seinem unbändigen Zorn schaffte er einen gewaltigen Hünenstein herbei und schleuderte ihn mit unbändiger Kraft gegen den Turm des Gotteshauses. Ringsum erbebte die Erde. Ein großer Riss tat sich auf. Wasser trat aus dem Erdreich und unterspülte unablässig das Gemäuer – ein riesiges Wasserloch entstand. Alsbald war die Kirche mitsamt den umstehenden Bäumen in den Fluten versunken.

Als er sein grausames Werk vollendet sah, verschwand der Teufel für immer aus dieser Gegend. Doch hin und wieder, so jedenfalls wollen es die Bauern dieser Gegend gesehen haben, wenn ein Sturm über den See fährt und seine Wassermassen aufwühlt, entsteigt ein feuriger Höllenhund den Fluten, stiebt mit Blitz und Donner über Wiesen und Felder hinweg und verschwindet dann spurlos in dem Wald, wo einst auch der Leibhaftige seine Behausung hatte. Es heißt, der Teufel halte dann Nachschau, ob das Gotteshaus mit dem verhassten Kreuz auf der Turmspitze noch im tiefen See verborgen sei. Solange er davon überzeugt ist, müssen die Otterstedter seine Rückkehr mit Spuk und Hexentanz nicht fürchten.

Der Huvenhoopssee

Als Blänken, Poole, Flagen oder Moorseen werden sie bezeichnet, jene zahlreichen Gewässer, die am Rande des Teufelsmoores gelegen sind. Das größte unter ihnen trägt den Namen Huvenhoopssee. Ursprünglich hieß es »Iwenhoop«, was eine Ansammlung von Eiben oder eben Eibenwald bedeutet. Bei der Torfgrabung stieß man in den Moorschichten häufig auf Eibenstämme, deren Holz in früherer Zeit für vielerlei Zwecke begehrt war.

In den Mooren unserer Heimat hausten einst Geister, Dämonen und Unholde, die je nach Wesensart den Bewohnern der Umgebung durch Arglist und Bosheit schadeten oder aber sie in ihrer Gutmütigkeit vor den Untaten der Böswilligen schützten.

Zwischen Oste und Teufelsmoor lebte damals ein gewaltiger Hüne, der den Menschen wohlgesonnen war und sich mit aller Kraft gegen ihre Feinde stellte. Im nahen Eibenwald riss er oft einen ganzen Baum aus der Erde und schwang ihn drohend über dem Kopf. Mit dieser Gebärde vertrieb er meistens die Moorgeister und Dämonen, wenn er von ihrer Seite Unheil witterte. Gelang ihm das nicht sofort, dann schleuderte er mit aller Wucht seine »Waffe« gegen sie. Krachend fuhr der Baumstamm in den Boden und jagte den Unholden solchen Schrecken ein, dass sie panisch die Flucht ergriffen.

Überall dort, wohin der Hüne trat, bildeten sich später in seinen Fußspuren kleinere Gewässer. Wenn er aber in Drohgebärde eine Eibe schwang und damit länger am Ort verweilte, war der Eindruck so stark, dass an solchen Stellen ein See entstand. Der Kampfplatz aus jener Zeit wird heute noch »Rummeldei« genannt. Nach und nach verschwand der einst so stattliche Eibenwald völlig. Es blieb eine Senke zurück, die sich schon bald mit Wasser füllte. Der Iwenhoopsee schmückte die Landschaft. Sein Name wandelte sich mit der Zeit zum Huvenhoopssee.

Der Räuber »Speckschnaars«

In den Moordörfern gab es in früherer Zeit Gegenden, die von der rechtschaffenen Bevölkerung tunliehst gemieden wurden. Dort hauste in der Tat unliebsames Gesindel, das angeblich nur danach trachtete, Unheil in die Welt zu bringen: Strafversetzte und andere gescheiterte Zeitgenossen, die sich durch Betteln, Lumpensammeln und Besenbinden, aber eben auch durch Raubtaten das Nötige zum Lebensunterhalt beschafften. In elenden Unterkünften inmitten von Sandkuhlen fristeten sie ihr beklagenswertes Dasein.

Solch eine verrufene Gegend war einmal ein Gelände am Weyerberg, das zu den Dörfern Ostendorf und Westerwede gehörte und im Volksmund »Achtern Barg« genannt wurde. Wohl auch wegen seiner Abgelegenheit und seines dichten Baumbestandes mit zahlreichen

Versteckmöglichkeiten galt der Bereich damals als höchst unheimlich und äußerst gefährlich. Trieb doch in dieser furchterregenden Örtlichkeit zu allem Überfluss auch noch ein leibhaftiger Raubmörder sein Unwesen, der sogenannte »Speckschnaars«. Sein sonderbarer Namenszusatz rührte vom Speckstehlen her, mit dem einstmals seine große »Karriere« begonnen hatte.

Genährt durch abergläubische Vermutungen und angedichtete Fähigkeiten genoss »Speckschnaars« im Ansehen der Moorbewohner einen unerschütterlichen Ruf. So soll er auch im Besitz einer Springwurzel gewesen sein, dem sagenhaften Glücksbringer, mit deren Hilfe er alle Schlösser durch bloßes Berühren habe öffnen können. Selbst unsichtbar habe er sich machen können durch den Schein von geheimnisvollen Lichtern, deren Flammen aus dem Fett eines ungeborenen

Kindes gespeist wurden. Aus der Seite einer Schwangeren, die ihm in die Hände gefallen war, sei es von ihm lebend herausgeschnitten worden. Durch die Augen anderer konnte dieses Licht nicht wahrgenommen werden. Welch wunderliche Blüten einfältiger Fantastereien zu jener Zeit den Köpfen abergläubischer und hasenherziger Moorleute beim Flackern des Torffeuers doch entsprossen! »Speckschnaars«, und das ist historisch belegt, befehligte eine gut organisierte Bande draufgängerischer Raubgesellen.

Einen Bauern, der lauthals geprahlt hatte, das Gesindel abfangen zu wollen, falls es wagen würde, bei ihm zu stehlen, nahm die Bande umgehend beim Wort. Unbemerkt wurde dessen Haus gänzlich ausgeraubt. Mit höhnischer Genugtuung heftete »Speckschnaars« auch noch folgenden Vers gut lesbar an die Tür:

Wir sind uns'rer acht.
Vier steh'n auf der Wacht,
viere tun das Stehlen, –
dann kann's uns gar nicht fehlen.

Dererlei Raubzüge, auf denen sich die Täter zudem noch durch Witz und Kühnheit auszeichneten, trugen natürlich ungeheuer zu einer weiteren Glorifizierung in der Bevölkerung bei. Bei diesen leichteren Vergehen konnten sich »Speckschnaars« und seine Gesellen weitgehend sicher sein, dass ihre Strafverfolgung von den Behörden nicht allzu hartnäckig gehandhabt wurde. Ein laienhaftes Missgeschick sollte schließlich aber doch zur Hinrichtung der berüchtigten Korona führen.

Zur Zeit der Heuernte drang die Bande mittags, als man wusste, nur die betagte Großmutter würde sich jetzt dort aufhalten, in ein Bauernhaus ein. Ein Räuber knebelte die Alte und stopfte ihr ein Tuch in den Mund. Daran erstickte sie schon nach kurzer Zeit. Schreckensbleich soll »Speckschnaars« daraufhin ausgerufen haben: »Nu sünd wie verlaren!«

Von nun ab konnten sich die Mordgesellen nirgendwo mehr sicher wähnen. Nach und nach stellte man die Burschen. »Speckschnaars« und drei seiner Hauptübeltäter wurden um 1810 auf dem Galgenberge bei Lilienthal durch das Schwert hingerichtet: »Wenn he den letzten Streich nich uttööwt harr«, pflegten später die Moorleute ihren Kommentar dazu einzuleiten, »harr he gewiss sienen natürliken Dood starben kunnt.«

Schließlich war »Speckschaars« fast einer der Ihren gewesen. Seine Enthauptung bedeutete für sie etwas Ungeheuerliches.

Doch in ihrer tiefen Abneigung gegen Krieg und Soldatenstand blieb vorsätzlicher Mord eben unverzeihlich.

Auf Schmugglerkurs: De Rode Gerd

Als um die Mitte des 19. Jahrhunderts nach dem Anschluss des Königreiches Hannover an den von Preußen gegründeten Zollverein auch hierzulande in der Region des Teufelsmoores die Grenzaufsicht zur nahen Hansestadt Bremen mit konsequenter Präsenz gehandhabt wurde, war es für die Torfschiffer aus dem Teufelsmoor äußerst gefährlich geworden, sich mit Schmuggelgut ein heimliches Zubrot zu beschaffen. Und doch gab es immer wieder Moorleute, denen es nicht an Mut und Verwegenheit mangelte, bei lohnender Gelegenheit aus dem bedrückenden Dasein eines »Torfsklaven«, wie sie ihr Elend zu benennen pflegten, auszubrechen.

Zu diesen Teufelskerlen zählte zweifellos De rode Gerd, der allein schon durch seine kraftvolle und hünenhafte Gestalt entsprechendes Aufsehen erregte. Ein brandroter Haarschopf trug ihm das Attribut seines Namens ein. Die rechte Hand umkleidete ständig ein schwarzer Lederhandschuh, der nur die vordersten Fingerglieder unbedeckt ließ. Den Grund dafür gab Gerd auf Befragung mit einer unheilbaren Hautkrankheit an, die, wie er es unmissverständlich ausdrückte, allein ihn etwas anginge.

Leicht aufflammende Streitbarkeit und wilde Leidenschaft bestimmten oft genug seine Handlungsweise, und der Branntwein tat ein Übriges. Die Dorfbewohner begegneten ihm mit großem Argwohn und bewusster Distanz. Im Gegensatz zu ihnen war es dem Roten offensichtlich gelungen, ohne harte Arbeit zu Geld und Wohlstand zu kommen. Wie sonst, als auf unredliche Art und Weise, war so etwas möglich geworden, mutmaßten seine Nachbarn.

Gerd galt als einer der gewieftesten Schmuggler der ganzen Gegend. Dieser

Umstand wiederum ließ im Ansehen der Moorleute sogar Anerkennung, ja selbst Bewunderung aufkommen.

Doch das Misstrauen überwog. Auch blieben viele Geschehnisse seiner heimlichen Unternehmungen unerklärlich und mysteriös. Seiner Kumpanen wurden die Grenzkontrolleure manchmal habhaft oder fischten sie als Ertrunkene aus dem Wasser. Der Rote aber verstand es mit großem Geschick, seinen Kopf immer wieder aus der Schlinge zu ziehen, und im Dorf wurde gemunkelt, seine rechte Hand sei in Wahrheit rot von Menschenblut, das er nie wieder abwaschen könne. Nur deshalb trüge er unentwegt seinen schwarzen Handschuh.

Freiwillig kam gewiss keiner seiner heimlichen Mitstreiter zu ihm. Deshalb borgte er wohlweislich in Not geratenen Leuten Geld oder übernahm deren Hypotheken, um sie in dieser Abhängigkeit bei Bedarf unter Druck zu setzen.

Auch mit Alkohol, über den er reichlich verfügte, gelang es ihm oft genug, Ahnungslose zu Versprechungen zu bewegen, die er dann notfalls mit Drohungen und Gewalt einforderte.

Die hohe Zeit der Schmuggler brach alljährlich mit dem lang anhaltenden Hochwasser in den Herbstmonaten an. Bei Groot Water, wenn sich der Überfluss des Weserwassers in Lesum, Wümme und Hamme staute, und die Niederung zwischen Osterholz und dem Weyerberg einem großen See glich, aus dem nur noch die Hauswurten wie Inseln hervorragten, vermochten sie mit ihren flachgängigen Torfkähnen auch dort aufzukreuzen, wo sommertags die Rinder weideten.

Stürmische Oktobernacht im überfluteten Blockland! Immer nur für Augenblicke geben die dunklen flüchtigen Wolken das Mondlicht frei, in dem jetzt auch ein einzelnes Schiff unter vollem Segel zu erkennen ist. Schwer drückt die Ladung. Die aufgepeitschte Flut pulscht gefährlich über den Süllrand. Vier Männer hocken an Bord. Gischtfetzen treibt ihnen der Sturm ins Gesicht. Es ist das Schmugglerschiff des Roten Gerd. Bis zum Äußersten angespannt harrt der Erzschmuggler auf seinem Posten aus. Jetzt wird die geborstene Stelle des Blockländer Deiches erreicht. Sie überqueren die Wümme. Auch drüben ist der Deich gebrochen. Er wird in rasender Fahrt passiert. Das weite St. Jürgensland liegt vor ihnen. Stur gen Osten geht der Kurs. War da nicht plötzlich ein dunkler Punkt in der nachtgrauen Wasserwüste zu erkennen? Treibendes Buschwerk? Ein schwimmender großer Erdklumpen? Gerd greift instinktiv dem Steuermann ins Ruder und reißt das Schiff halb herum. Vier Augenpaare sind nun unentwegt auf den rätselhaften Gegenstand gerichtet, der ihnen immer näher kommt.

Urplötzlich tönt es: »Halt!« Es ist das Boot der Grenzaufseher.

Fortwährend schallen die Haltrufe zu den Schmugglern herüber. Gerd taucht zur Koje hinab, um, zu allem entschlossen, seinen Kumpanen geladene Pistolen in die Hand zu drücken. Der Schnellsegler der Grenzaufseher ist nun bedrohlich nahe herangekommen. Doch immer noch suchen die Schmuggler ihr Heil in der Flucht. Da krachen kurz nacheinander Gewehrschüsse. Kugeln zischen über sie hinweg und schlagen in das schwere geteerte Segel. Das Zollboot hat den Torfkahn erreicht.

»Nun schießt doch endlich!«, fährt der Rote seine Leute an. Doch die kauern unbeweglich hinter den Säcken der Ladung.

»Herr Gott, den kenn' ich ja! Warte, roter Halunke, du wirst uns heute nicht entwischen!«, tönt es vom Zollboot herüber.

Doch Gerd weiß eine Antwort. Zum Letzten entschlossen greift er zur schweren Ruderstange, drängt wütend auf den Rufer ein und wirbelt in wilden Schwüngen seine ungewöhnliche Waffe durch die Luft. Augenblicklich zerreißt das Holz das Segel und trifft mit hartem Schlag den Kopf des Angegriffenen, der vornüber plump in Wasser stürzt. Jetzt heißt es: Zeit gewinnen! Ehe die Aufseher den hilflosen Kollegen geborgen und das lädierte Segel notdürftig instand gesetzt haben, sind die Schmuggler längst im Dunkel der Nacht entschwunden.

Der vom Roten Gerd so übel zugerichtete Grenzaufseher ist der einzige der Kontrolleure gewesen, der ihn erkannt hatte und ihm deshalb sein Handwerk hätte legen können. Doch der schwebt jetzt in akuter Lebensgefahr und seine Gehirnverletzung ist so schwerwiegend, dass er wohl zeitlebens schwachsinnig bleiben muss.

Das Torfschiff der Schmuggler war vorsorglich für die Tat entwendet worden und dümpelt am nächsten Morgen mit beschädigtem Segel wieder wohlvertäut an seinem alten Liegeplatz. Die Frevler bleiben unerkannt.

So kennt denn Gerd ein paar Wochen später auch keinerlei Skrupel, erneut sein Abenteuer zu wagen. Es ist in einer windstillen Novembernacht. Er und seine Kumpanen müssen sich mit den Riemen mächtig ins Zeug legen, um den schwer beladenen Kahn voranzubringen. »Verdammt!«, fährt es Gerd über die Lippen, denn auch diesmal muss er entdecken, dass ihnen ein Zollboot auf der Spur ist. Noch scheint ihr Vorsprung zu reichen. Es muss ihnen gelingen, rechtzeitig an die flache Bruchstelle im St. Jürgener Deich zu kommen, die das tiefergehende Kielboot der Grenzaufseher nicht passieren kann. Doch die schwere Ladung macht ihnen zu schaffen. Rasch sind die Verfolger heran und versperren ihnen das Schlupfloch. Wieder einmal tönt es: »Halt! Halt!« Die Schmuggler suchen ihr Heil in Richtung Bremer Seite. Schüsse krachen. Kugeln durchbohren die Bordwand. Wasser dringt ein. Das Schiff droht zu sinken.

Mit letzter Kraft gelangen sie ans andere Ufer, wohin ihnen die Aufseher nicht folgen dürfen. Einer der Verfolgten springt ans Ufer und flüchtet über den Deich. Ein anderer wird an Bord tödlich getroffen. Den letzten seiner Begleiter stößt Gerd mit einem kräftigen Ruderschwenk über Bord, weil er von ihm Verrat fürchtet. Als dieser kurz danach wieder auftaucht, sich mit beiden Händen krampfhaft an die Bordkante klammert und laut um Hilfe fleht, verpasst ihm der Rote einen kräftigen Hackentritt ins Gesicht, sodass er wie leblos unter Wasser verschwindet. Ehe das Zollboot herangekommen ist, hat sich der Übeltäter wieder einmal vorzeitig in Sicherheit gebracht. Gerade noch können die Beamten die Leiche des erschossenen Schmugglers an Bord nehmen, als auch schon das Schmuggelschiff mit allen Waren vor ihren Augen versinkt.

Im folgenden Jahr an einem Nachmittag im August, Torfschiffe segeln schon wieder vereinzelt gen Bremen, steht über der Wümme eine drohende Gewitterfront. Windstöße jagen über das Wasser. Eiligst suchen die Schiffer den Schutz des nahen Ufers und machen dort ihre Kähne an Baumstämmen oder herabhängenden Zweigen fest. Doch keiner denkt daran, der Nässe auszuweichen und in die trockene Koje zu kriechen. Zu sehr sind ihre Blicke auf eine Szene gerichtet, die sich nur einen Steinwurf weit am jenseitigen Ufer vor ihnen abspielt. Unablässig bemüht sich dort ein anderer, mit seinem Boot auch in den Schutz ihres Ufers zu gelangen.

Regen und Wellenschlag dringen fortgesetzt in das schwer beladene Fahrzeug, das von Minute zu Minute tiefer sinkt. Und doch kämpft sich der Schiffer mit dem Mut der Verzweiflung näher und näher an die gespannt Ausharrenden heran. Mit ihren beladenen Schiffen können diese ihm selbst nicht zu Hilfe kommen. Soviel ist gewiss, sie müssen warten, bis sie ihm vielleicht ein Tauende hinüberwerfen können.

»Minsch, dat is he!«, schreit plötzlich einer der Schiffer den anderen zu. Nums an'ers as de ›Ro'e Gerd‹!« Wohl jeder von ihnen spürt jäh den inneren Zwiespalt, der jetzt arg zusetzt. Endlich die verdiente Strafe für all dessen Untaten.

Doch im Kampf um Leben und Tod darf sich keiner der Hilfe entziehen. Ein Tauende wird geworfen. Es reicht nicht heran. Wieder und wieder wird es erfolglos versucht. Nun ist auch die Ladung deutlich zu sehen. Volle Säcke mit Salz, in die nach und nach die Nässe dringt. Heftig schlägt noch einmal eine Welle ins Schiff, und wie ein Bleigewicht sinkt der Schmugglerkahn in die Tiefe.

Alsbald taucht der Rote mit weit aufgerissenen Augen wieder auf. Wild fuchtelt sein hochgestreckter rechter Arm mit dem schwarzen Handschuh. Ein gequälter Schrei! Nochmals wirft man ihm ein Tauende zu. Begierig hascht der Ertrinkende danach. Vergeblich! Dann verlassen ihn endgültig die Kräfte. Er wird hernach nicht wieder gesehen.

Ironie des Schicksals, im Jahr zuvor hatte der Rote Gerd an jenem Ort auf grausame Weise seinen hilflosen Steuermann in den Tod befördert. Es ist eine von alten Weiden umstandene Stelle, die von den Torfschiffern für unergründlich gehalten wird. In eine bodenlose Tiefe sollen die hier Ertrunkenen hinabtauchen, um für immer dort unten zu bleiben.

Stürmische Nächte und flackernde Torffeuer bewirken fortan, dass die unheilvolle Lebensgeschichte des Roten Gerd geheimnisvoll von Mund zu Mund getragen und zu einer düsteren Legende verwoben wird.

Der Spuk im Pastorenhaus

Gern erinnert man sich in Grasberg an das verdienstvolle Wirken des Pastors Diedrich Speckmann, der hier in den Jahren 1902–1908 als Seelsorger tätig war. Und mit einem gewissen Stolz weisen die Grasberger auch gern darauf hin, dass ihr guter Pastor Speckmann durch sein schriftstellerisches Werk weithin über die Grenzen der Moordörfer bekannt wurde. Das Ansehen der Persönlichkeit Speckmanns wurzelte tief im Andenken der Bewohner. Selbst übernatürliche Kräfte wurden ihm zugetraut. So sprach man um das Jahr 1920 von geheimnisvollen Geräuschen im Pfarrhaus. Sie sollten vom »Geiste« Speckmanns herrühren, dessen Wirken hier noch immer spürbar sei. Wodurch sonst mochte das eigenartige Knarren im Fußboden der Wohnstube verursacht werden, das sich dort häufig vernehmen ließ? In Sturmnächten verstärkte es sich zu einem wahrhaft unheimlichen Spukgeräusch. Lange wurde gerätselt, bis man unverhofft das Geheimnis durch eine Baumaßnahme lüftete. Früher war es üblich, Kanthölzer als Lager für Fußbodendielen in aufgeschüttetem Sand zu verlegen. Eine kräftige Wurzel der alten Linde dicht am Pfarrhaus hatte sich im Laufe vieler Jahre bis unter das Mauerwerk ausgebreitet und drückte gegen den Fußboden. Starker Wind und Sturm verursachten dadurch jenes merkwürdige Scheuergeräusch, das über einige Jahre unerklärbar blieb.

Die Hexe von Wilstedt

Nah dem Dorfe Wilstedt, so ist es überliefert, sind auf dem Hexenberge bei Hofkoh wohl etliche Male Frauen, die man der Hexerei bezichtigt hatte, lebendigen Leibes verbrannt worden. Eine dieser Unglückseligen war Anne Willenbrock, die als Hexe von Wilstedt zu einer beklagenswerten Sagengestalt wurde.

Anne galt damals als ein hübsches und fröhliches Mädchen, das jedermann im Dorfe gern hatte. Karl Cordsen, ein sehr reicher, aber schon älterer Bauer, begehrte sie zur Frau. Er hatte sich in den Kopf gesetzt, sie, komme was wolle, zu seinem Weibe zu machen. Doch Annes Herz gehörte Cord Wülping, mit dem sie schon seit langem eine innige Zuneigung verband. Cordsen ließ aber nicht ab von seinem Begehren.

Anne lauschte gern dem Gesang der Vögel, liebte Blumen über alles und saß in

Mondnächten gern im Freien, um in den weiten Sternenhimmel zu schauen.

Cordsen schlich ihr heimlich nach und beobachtete sie voller Verlangen. Oft trat er ihr in den Weg und warb unablässig um sie. Anne jedoch wies den unliebsamen Freier stets aufs Neue ab. In seiner Verzweiflung sann dieser auf Rache. Voller Bosheit ließ er im Dorf das Gerücht verbreiten, Anne Willenbrock suche in Mondnächten des Teufels Gesellschaft und habe gemeinsam mit ihm Böses vor. Die so Bescholtene ahnte lange nichts von dem abscheulichen Geflecht an Anschuldigungen, in dem sie sich verstricken sollte. Eines Tages wurde sie vor den Richter gerufen. Tapfer wies sie alle Vorwürfe von sich, war ihr doch jede Art von Teufelskunst völlig fremd. Doch als die Folter sie quälte und Marterwerkzeuge ihre Schmerzen schürten, flehte sie in ihrem Jammer um Hilfe und schrie immer wieder nach Cord Wülping. Der wiederum war dem Wahnsinn nahe, weil er der geliebten Braut in ihrem Elend nicht beistehen konnte.

Als das grausame Martyrium schließlich unerträglich wurde und die Gepeinigte fast in Ohnmacht fiel, sah sie die Folterknechte mit großen Augen an und bat flehentlich: »Lasst ab, ich bin des Teufels Braut! Gebt endlich Ruhe!« Tags darauf loderte auf dem Hügel bei Hofkoh der Scheiterhaufen.

Die arme unschuldige Anne Willenbrock starb als Hexe.

Wie der Ort Huxfeld zu seinem Namen kam

Vor etlichen Jahren, so ist es durch die Huxfelder Schulchronik überliefert, gab es einmal einen Huxfeldsee. Das Gewässer verlandete, seine Senke ist aber noch deutlich im Gelände erkennbar. Auf ganz alten Landkarten findet sich der Huxfeldsee wieder, nach dem auch der spätere Ort seinen Namen erhielt.

Huxfelder Einwohner dachten lange vergeblich darüber nach, wie denn wohl der Name ihres Dorfes zu deuten sei.

Erst Nachforschungen in Wilstedter Kirchenbüchern führten zu einer wahrscheinlichen Erklärung. Aus einer Eintragung im Sterbebuch vom 6. Februar 1741 geht hervor, dass der Kötner Hinrich Huxfeld aus Buchholz bei Wilstedt am 30. Januar des Jahres auf der »Wilsten« (in dieser Gegend eine gebräuchliche Bezeichnung für Feldmark) tot aufgefunden worden sei.

Mithin verging damals eine Woche vom Auffinden der Leiche bis zu ihrer Bestattung. Dieser Tatbestand lässt mysteriöse Todesumstände vermuten. Üblich war es nämlich zu jener Zeit, Tote schon nach zwei Tagen zu beerdigen.

Hinrich Huxfeld war Entenjäger. Erfror er beim Ansitz, ertrank er im See oder wurde er gar Opfer einer kriminellen Tat? Darüber schweigt das Sterberegister.

Den Huxfeldern jedoch bleibt die Feststellung, dass der Name ihres Dorfes von einem Manne herrührt, der einstmals durch einen nicht aktenkundig gemachten Umstand in der öden Moorwildnis zu Tode kam.

Der Vogelbeerbaum

Weit draußen in der Heide, dort, wo das Moor ihre sanften Hügel begrenzt, stehen seit langer Zeit drei Ebereschen oder Vogelbeerbäume, wie sie der Volksmund nennt, einträchtig nebeneinander. Eigentlich sind diese Bäume nicht außergewöhnlich und überall in unserer Heimat anzutreffen. Hier jedoch muss ihr Bild mit einem

Zauber verwoben sein, denn jeden stillen Wanderer zieht es ungewollt in ihren Schatten, wo er gern in Muße verweilt.

Es heißt, dass sich an klaren Spätsommertagen, wenn die Heide ihr Blütenkleid trägt, die reifen Beerenfrüchte in einem satten Rotgelb den nahen Herbst spüren lassen und sich ein tiefblauer Himmel über die Landschaft spannt, dem Wanderer wie traumhaft ein Geheimnis kundtut.

Einst stand in der Nähe der Baumgruppe ein einsamer Heidehof. Über viele Jahre wurde er von tüchtigen Bauern bewirtschaftet, die aus der Wildnis aus Moor und Heide ihren Ackerboden schufen.

Im nahen Moor hausten zu der Zeit Hexen, Kobolde und andere Geister. Die unheimlichen Wesen waren sich oft uneinig darüber, ob sie den Menschen in ihrer Nachbarschaft hilfreich dienen oder boshaft schaden sollten. Eine Moorhexe unter ihnen besaß dreizehn Töchter, deren goldblonde Haare in hellen Mondnächten wie Sterne funkelten.

Auf dem Heidehof wirtschaftete einmal ein junger Bauer, der fleißig und genügsam, doch auch schalkhaft und voller Wissensdrang war. So blieb es nicht aus, dass die Umtriebe der Moorgeister seine Neugier weckten und er sehnlichst danach trachtete, ihnen auf die Schliche zu kommen.

Wenn er bei Vollmondnächten keine Ruhe fand, und Kobolde in seiner Nähe glaubte, suchte er einen nahen Vogelbeerbaum auf, unter dessen Krone er sich auch tagsüber gern einmal ausruhte. An den Baumstamm gelehnt lauschte er den Stimmen der Nacht. Da gewahrte er plötzlich das goldblonde Köpfchen einer Moorfee. Das zierliche Wesen löste sich aus dem Dunkel des Moores, sprang behände auf festen Boden und hüpfte und drehte sich in lieblicher Anmut. Den jungen Bauern hielt es nicht länger an seinem Platz. Er sprang hinzu und umschlang das zarte Geschöpf mit beiden Armen.

»Mein bist du!«, sprach er voller Begierde. Erschrocken sah ihn das Moorweib mit ihren tiefgründig grünen Augen an. Als es jedoch spürte, wie er es liebevoll unter den Vogelbeerbaum trug und ihm unendlich sanft über das langwallende Haar strich, wich die Furcht. In wundersamer Zuneigung verbrachten beide eine unsagbar schöne Nacht.

Im ersten Morgenlicht, als der junge Bauer noch selig schlummerte, entschwand die Moorfee aus seinen Armen. Doch schon in der nächsten Nacht fanden die Liebenden wieder zueinander. So geschah es viele Male – einen ganzen Sommer lang, und keiner der beiden ahnte das böse Ende.

Stets argwöhnisch achtete die alte Moorhexe auf das Treiben ihrer schönen

Tochter. So blieb es nicht aus, dass sie zur Nacht auch einmal die zärtlich Verliebten bei ihrem heimlichen Tun beobachtete. Außer sich vor Zorn verwünschte sie den Ort und verwandelte beide in zwei Vogelbeerbäume, die fortan unbeweglich voneinander getrennt einsam in der Heide stehen mussten. Der alte Hof verfiel. Längst hat ihn das Heidekraut überwuchert.

Wohl hatte die Hexe in ihrer Boshaftigkeit die eigene Tochter mit dem jungen Mann an diesen Ort gebannt, doch mit ihrem bösen Zauber vermochte sie ihn nicht zu belegen, denn hier ist die Liebe allgegenwärtig. Sie raunt und flüstert in den Zweigen, wenn sie ein leiser Wind bewegt, sie glitzert und funkelt mit der Sonne im Filigran der zarten Blätter, sie summt in den Bienen und schwebt und segelt mit im Flügelschlag der bunten Falter. Sie gleicht der Schale einer Muschel, die perlmuttern strahlt und von innen heraus in geheimnisvollen Farben leuchtet, obgleich sie das Leben schon lange verlassen hat.

Eine »Insel« schwimmt davon

Noch vor einem Jahrhundert gab es hierzulande in der weiten Niederungslandschaft zwischen den Flussläufen von Wümme und Hamme eine Gegend, deren geografische Bezeichnung allein Bilder fantastischer Imagination wachrufen musste: Das schwimmende Land von Waakhausen.

Dort, wo sich heute entlang der auf festem Damm gebauten Landstraße von Osterholz nach Worpswede links und rechts noch alte Wurtenhöfe zeigen, breitete sich einst oft unwegsames und tückisches Moorland aus. Hier liegen die Dörfer Vieland und Waakhausen, deren Namen niederdeutschen Sprachursprungs sind, und Sumpfland beziehungsweise bei

Waake offenes Eisloch oder auch schwankende Eisfläche bedeuten.

Wenn nun die nahe Hamme Hochwasser führte, konnte es vorkommen, dass bei flacheren Wurten die Flut schon bald in die Häuser drang, sodass die geplagten Bewohner ihr Vieh zunächst auf notdürftig aufgeblockte Brettergerüste stellten. Stieg das Wasser noch höher, gab es bald keinen anderen Ausweg mehr, als mit Kähnen auf die Diele zu staken, um die armen Tiere irgendwie in Sicherheit zu bringen.

Den Menschen selbst blieb dann nur noch die Möglichkeit, auf dem Heuboden zu hausen und auf einem mit viel Sand bedeckten Holzgestell mühsam ein Herdfeuer zu entfachen.

Mit Hilfe kleiner platter Holzboote, der sogenannten »Seelenverkäufer«, auf deren geschickte Handhabung sich schon die Kinder im schulpflichtigen Alter verstanden, ließ sich die einzige Verbindung zur Außenwelt bis hin zum Weyerberg aufrechterhalten.

Um die Weihnachtszeit stand gewöhnlich das Moorwiesenland um Waakhausen unter Wasser.

Bei langanhaltenden Nordweststürmen stieg die Flut bisweilen so hoch an, dass die Wassermassen nach und nach unter die Moorschicht drangen, sie teilweise anhoben und tatsächlich zum Schwimmen brachten.

War zudem noch der Frost in den vollgesogenen Moorboden eingedrungen, beschleunigte die bessere Schwimmfähigkeit des Eises die Ablösung der oberen Schicht. Selbst baumbestandenes Gelände wurde aufgetrieben und durch Flut und Sturm in Bewegung gebracht.

Ein Wintertag im Jahre 1876. Nach einer angstvoll durchwachten Sturmnacht wagt sich der Hofbesitzer Johann Gerken aus Weyermoor doch noch vor die Tür.

Schließlich treibt ihn auch die Sorge hinaus, die Sorge um ein Stück Moorland, auf dem die Fichten so prächtig herangewachsen sind. Schon am Tag zuvor hatten Sturm und Wellenschlag dem Gelände arg zugesetzt und bereits kleinere Stücke fortgerissen.

Im Windschatten der Giebelwand kann ihm der Sturm nicht viel anhaben. Wasser, Wasser und nochmals Wasser, soweit er schauen kann.

Um aber überblicken zu können, was der schwere Nordwest von seinem Waldstück verschont hat, muss er sich um die Hausecke wenden. Er zögert, doch die Ungewissheit drängt. Kaum hat er den letzten Schritt ins Freie getan, da erfasst ihn eine heftige Bö und drückt ihn mit vehementer Wucht fast zu Boden. Nur mühsam vermag er sich hinter die schützende Hauswand zurückzuziehen. Und dann fährt es ihm jäh durch den Kopf! Da war eben nichts mehr!

Der Augenblick hatte genügt, ihm deutlich zu machen, dass die Sturmflut ganze Arbeit geleistet hatte. Völlig verschwunden war sie von der Bildfläche, seine so sorgsam gehegte »Waldinsel«. Und das bei einer Größe von etwa eineinhalb Morgen.

Gerken bleibt Realist. Irgendwohin wird sie ja abgetrieben worden sein. Nur ausharren muss er, warten, bis sich da draußen das wilde Treiben beruhigt hat.

Dann endlich wird es stiller um Haus und Hof. Das schwere Gewölk lichtet sich. Die Sonne bricht durch, und wie wundersam verwandelt tönt das Moorland in satter Farbigkeit.

Später, als sich Gerken mit einem Boot auf die Suche macht, entdeckt er sein schwimmendes Land, schon nach etwa 500 Metern auf den Hammewiesen. Zum Glück war es dort auf Grund geraten.

Zur Bergung ist das ganze Dorf auf den Beinen. Mit Schiffen und Tauen versucht man, dem »Flüchtling« beizukommen. Alle Bäume werden kurzerhand gefällt, damit sie dem Wind keinen Widerstand mehr entgegensetzen können. Doch auch das nun kahle Eiland erweist sich immer noch als zu groß und zu massig, um es mit Hilfe der vielen Boote in Bewegung zu bringen. Erst ein Durchstich macht es möglich, die Hälften nacheinander an den Ursprungsort zu bugsieren. Daselbst werden zur Sicherung noch viele starke Pfähle in den Moorboden gerammt, um den »Ausreißer« daran zu hindern, erneut das Weite zu suchen. Johann Gerken atmet auf. Man stelle sich vor, seine »Insel« wäre weitab und damit unwiederbringlich auf einer der entlegenen Hammeweiden angetrieben, für den unverhofft Beschenkten weiß Gott keine willkommene Bereicherung. Oder wenn sie gar einen Schiffgraben versperrt hätte!

Mit dem Bau der Ritterhuder Hammeschleuse in den Jahren 1874 bis 1876 gehörte dieses von Wind und Wasser bewegte Kapitel unserer Heimatgeschichte endgültig der Vergangenheit an.

Das verlassene Dorf

Viele historische Akten und Fakten aus der Epoche der Urbarmachung und frühen Besiedlung unserer heimischen Moore geben Kunde von großem Leid und bitterer Armut im Leben der ersten Siedlergenerationen. Wäre es damals diesen Moorbauern vergönnt gewesen, dem Dasein mit ständigen Rückschlägen und in bedrückender Entbehrung angesichts eines besseren Neubeginns zu entsagen, um sich auf der festen Geest anzusiedeln, hätten sicherlich viele von ihnen beherzt diesen Schritt getan. In Einzelfällen mag es auch derartige Entscheidungen gegeben haben. Dass aber gleich eine ganze Moorkolonie seine Existenz verliert und die Bewohner bereitwillig Behausungen aufgeben, gehört sicherlich zu den sonderbarsten Vorfällen unserer Heimatgeschichte. So geschehen in den Jahren 1777/78.

Auf der Landkarte der Hannoverschen Landesvermessung aus dem Jahre 1758 wird sie noch aufgeführt; die Moorkolonie Weyerdamm. Knapp zwei Jahrzehnte später ist sie fast gänzlich von der Bildfläche verschwunden, von ihren Bewohnern verlassen.

Wie kam es zu diesem Exodus? Bereits im Jahre 1666, lange vor Findorff, wurden zur Zeit der schwedischen Besatzung die Moorkolonien Ahrensfelderdamm und Weyerdamm als erste staatliche Ansiedlungen im »herrschaftlichen« Moor der Landgräfin Eleonora Catharina von Hessen-Eschwege gegründet.

Die hohe Dame besaß nämlich die ehemaligen Ländereien des säkularisierten

Klosters Osterholz zu Lehen. Bis dato wurden Moorbereiche nur in den Randgebieten als Weide und zum Torfstich genutzt. Nun aber machten sich zunächst neun wagemutige Männer auf, sich entlang eines Dammes, des sogenannten Kirchdammes, eigene Bauernstellen einzurichten.

Noch heute verläuft hier ein Fahrweg durch die Osterholzer Weiden in Richtung Melchers Hütte.

Zur wesentlichen Erwerbsquelle der bitterarmen Kleinbauern und Häuslinge wurde der Torfstich. Acker- und Weideland gab es dagegen äußerst spärlich, der Viehbestand war erschreckend gering. Oft besaß man nur eine einzige Kuh. Die alljährlich auftretenden Sommerhochwasser der Hamme machten häufig die kargen Erträge der Felder und Wiesen gänzlich zunichte. Durch Entwässerungsgräben senkte sich der lockere Moorboden deutlich ab, sodass Überschwemmungen immer größere Schäden anrichteten.

In einem Bittschreiben an das zuständige Ministerium in Hannover aus dem Jahre 1775 schilderten die geplagten Bewohner des Weyerdammes ihre elende und zum Teil lebensbedrohende Situation und wiesen darauf hin, dass der einzige Ausweg wohl nur in einer Neuansiedlung auf dem in der Nähe befindlichen Hohen Feld bestünde. Der Hilfeschrei der Moorleute vom Weyerdamm blieb nicht ungehört. Die Regierung veranlasste eine wunschgemäße Auflassung und Parzellierung des langen »Hohen Feldes«. Elf Bauern brachen SOf011ihre Häuser ab. Weitere folgten. Um 1850 gab es am Weyerdamm noch zwei Hofstellen. Für den letzten noch verbliebenen Anwohner brachte schließlich der Bau der Ritterhuder Schleuse die endgültige Sicherheit.

Wer in unseren Tagen nach Spuren des verlassenen Moordorfes sucht, muss schon über eine gute Ortskenntnis verfügen. Dann mag ihm vielleicht in der Wiesenweite noch die Lage einer ehemaligen Wurt auffallen. Ansonsten ist buchstäblich Gras über alles gewachsen.

Ut ole Tieden

Sagen up Platt vertellt von Heinz Lemmermann

Hüklot un de Weiherbarg

Dat weer een Tiet, as dat hiertolannen noch Riesen gäben dä, Riesen, de grötter weern as jedeen Karktoorn, un de een Kraft harrn, mehr as dusend Mannslüüd tosamen.

Een von disse grusigen Deerter levde in de Bargen von' Harz. Heeten dä he Hüklot. To freten kunn he nich noog kriegen. He greep sik sülvs de gröttsten Ossen un mannig anner Tiern. Un ok achter de Minschen weer he bannig her.

De Lüüd ut de ganze Gegend keemen jo ut de Angst nich rut. Nu harr Rugbrok, de jem ehr Hartog weer, sik dat faste vörnahmen, al dat Elend mit Hüklot to Enne to bringen. De den Riesen to faten kriegen kunn un dat Land von dissen Satan free mak, de schull Rugbroks Dochter Meta denn to'r Fro hebben.

Eens Doogs hööl de Hartog een groot Fest aff up'n Blocksbarg, un von alle Sieten her keemen de Lüüd un schenkten em wat. Von wiet her keem ok Fischer-Dirk, ut dat Sietland twüschen Elw un Werser.

As de Lüüd nu al lustig bi't Danzen weern, keem mit'n Mal Hüklot mittenmang un bolkte, dat de Bargen bäwern dän. So gau se dat kunnen, löpen de Minschen in gräsige Angst utnanner un kröpen ünner de Felsen un ünner dat Buschwark. Man bloß Fischer-Dirk un Rugbroks Meta, de harrn den Riesen to laat to sehn kregen, un nu worrn se gräpen un seeten as so'n lierlütt Spältüg up Hüklot sien Hand. Un Hüklot, de freude sik just as'n Kind to Wiehnachten. De Dochter von' Hartog, de schenk Hüklot sien Fro. Den Fischer-Dirk aber, den luster he man nippe to, as de em vertell, wo in sien Heimat dat Fisch öwer Fischen geev, de Dusend för Dusend just lichte to fangen weern. Hüklot, de smackmunde all un kunn dat nu gor nich aftöben, bit he int Sietland doolstegen weer, üm de Fisch so as Ossen mit Hannen to griepen. Fischer-Dirk, den sett he boben up sien' Kopp, dat he den Weg bäter wiesen kunn.

In de Gegend von Bremen, dar stäbel de Hüün mit groden Pedd von Düün to Düün, un Fischer-Dirk geev em den Raat, he schull man sien Schörten mit Sand anfüllen, denn so harr he tor Not in aal den Morast een bäten Halt.

An de Mündung von de Hamm, door mok in sien' Iewer de Hüklot so'n hastigen Pedd, un door full em so'n lütt bäten Sand ut sien Schörten. Up dissen lüttjen Barg an' Water, door kunnen nu woll Minschen horsten. Un an disse Steer steiht vandage noch dat ole Dörp von Waterhorst.

Fischer-Dirk slög nu vör, de Ries schull man een bäten töwen. He sülvs wull woll vörutlopen. He wull in den veelen Sumpf na fasten Grund söken, dat Hüklot bloß nich to Schannen keem ...

As dat so wiet weer, geev he den Riesen glieks een Teken, he schull man door un door hen springen. De dä dat ok, un mit een' gewaltigen Sprung pedd he nu in dat deepste Moorlock rin. Jungedi, dat duur man keenen Ogenblick, door sunk he bit an't Liev in den Morast. He bolkde för Wut un weiharm as nieh klook. Man jümmer deeper sack he weg.

As Fischer-Dirk em nu noch höhnen dä, door packde Hüklot siene Schörten un smeet se na den vigelienschen Keerl, de em so to'n Narrn harrt harr, un de sik vör Lachen nu bögen dä. To'n Glück, door füll de Schörten mit al den Sand doorin man wiet vörbi.

Nu kamen veele Lüüd tohoop un schöten mit Piel un Bogen up den Riesen, ober se kunnen em nix anhebben. Hüklot, de kam ober doch to Doer, man up anner Oart: Vör Hunger kunn he bald nich mehr jappen, versünk tolest int Düwelsmoor un keem elendig üm, so as he dat woll verdeent harr. De Sand ut de Schörten ober, de bleev de bistohn; de wör nu as Barg bit wiet in dat Sietland to sehn. Un von den Wind, de em ümweih un sien Speel mit em mok, door kreeg he sien' Nomen: Weiherbarg.

Hartog Rugbrok ober weer bannig full Freud. He mokde Fischer-Dirk to sien' Arben un geef em sien Dochter as Fro, de den Hüklot sien Wief all utneit weer. Von de Wulfsborg bi Osterholt hebbt de beiden noch mannig een Joahr för Glück un Freden sorgt, un dat ganze Sietland seggte jem Dank.

Woans de Barkenbööm in't Moor kamen sünd

Öwerall in' Moor sünd se to sehn: de smucken Barkenbööm mit ehr wietluchten witten Stämm, mit to Vörjahr dat täsige Gröön, to Harst dat blinkernde Ockerbrun. Alleen mit Gotts Hülpen sünd se in't Moor kamen.

In ole Tieden, door schullen Engel dat utklamüstern, wo de Minschen uppe Eer ehr Läben inricht harrn. Een·von jem keem eers na lange Tiet non Häben retur un sä: »Oh, mien Herrgott-Vadder, wäs mi nich böös, dat ik so laat na Huus kam. Ik flöög doch in een eensam Moor, door sünd de Lüüd so arm, dat se mi bannig leed doon könt. Door giff dat keeneen sekern Wegg un Stegg un ook keen Bööm, de de Richt wiesen möögt un keen Schatten geevt, wenn sommerdags de Sünn von' Häben gleuht. Disse Wildnis heet dat Düwelsmoor. Ik harr man Last dormit, een' Minschen to helpen, de in 'ne Moorkuhln fullen weer, dat he nich up gruselig Oart versopen is. Leewe Gott, ik bed di nu: giff Hülpen för de armen Lüüd. In us Paradies hier wast een Boom mit Rinn so witt as Snee. In' Düwelsmoor kunnen sien Stämm bi Nacht den Weg woll wiesen.«

Un de Herrgott geef sien' Segen.

Eens Morgens reeben sik de Moorlüüd wunnerhaftig ehr Oogen: Öwerall, wo de

Bodden 'n bäten faster weer, seegen se Bööm mit wietluchten witte Stämm. Na een Tiet, door streu de Wind den Samen von de Barken liekers wiet in't Moorland rüm. Nu kunnen de Lüüd ook bi piekendüster Nacht de rechte Richt finnen. Un denn weer dat Barkenholt ook noch goot to bruken för de Warmste in' Herd un darto för mannig Schirrwark. So keemen de Barkenbööm as een wunnerbart Geschenk von' Häben in dat Moor.

De Moorbruut

Eens weer dat Düwelsmoor ohn Wegg un Stegg, un de Minschen door harrn ehr Möh un Plaag, to öwerläben. Hier weer jo woll de Düwel to Huus. Wenn't Näwel geef, un Bööm un Buschwark utsehn dän as grusig Spökels, leggde sik dat bi de Moorlüüd as Last up de Seel. To Harst keem de Hamm (Hamme) över't Öwer un de ganze Gegend weer Landünner. De Storm fegte öwer Water un Moor un huhl as nich klook in de Bööm un üm dat Muerwark von de Hüüs.

För de Lüüd weer de Welt vull von Radels un se vertellen sik afsunnerliche Spökgeschichten.

Een jung Moorbuur harr een Deern so bannig geern, dat he ehr freen wull. Fliedig un sporsam weer he. Noch een paar Daag vör de Hochtiet föhr he mit sien Schipp de Hamm langs un wull den Torf na Bremen bringen. Von dat Geld, dat nu rinkamen schull, wull he de Hochtiedsfier betahlen. Dat weer een Dag in' Harst, wo de Storm öwert Land bruus. De Buur harr bannig Last, sien Schipp to stüürn. Mit Angst un Bangen keek em sien Bruut noch lange Tiet von' Öwer ut na, bit dat swarte Seil in' Näwel ünnergüng.

Annern Dag muss he jo woll trüchkamen, de Brögam. Doch een Stünn na de anner güng vöröber, man von den Torfschipper un sien swarte Seil weer nix to sehn, so foken sien

Deern ok kukeluern dä von' Öwer ut. Dat worr Abend, dat worr Nacht. Mit eenmal keem de Kahn ut dat Düster rut as een Spöök, ober Wind un Wellen leeten dat Schipp utnanner bräken. Denn geef de Wind gau Rauh, un dat worr still un lurig öwerall.

So foken de Deern ok na't Öwer güng aal de Daag – ehr Brögam keem nich wedder retur. Se worr krank an Liev un Seel. Jedeen Joahr bi Storm un Näwel löp se an't Öwer von de Hamm. Un wenn se fragt worr, worüm se dat jümmer noch dün, anter se: »Mien Brögam kummt ja vun Dag; he hett mi doch ropen!«

Eens Dags tapper de Moorbruut in' dicken Näwel liekut up dat Water to, güng ünner un versöp in de brusen Floot.

Man ehr Seel fünd jümmer noch keen Rauh. Mannig Lüüd in' Moor lustert vandage noch an mannig düstern Näweldag na ehr Stimm, vull von Jammern un von Klagen.

Dat Moorwief

Dat weer an eenen ieskooln Winterdag, door harr sik mal een Mudder mit ehr' twee Kinner in' Düwelsmoor verbiestert. As nu de Abend keem, kreeg se dat in' Düstern mit de Angst to doon. Wat freun de dree sik, as endlich in de Feern een Licht to sehn weer. Bald all keemen se an een eensam Huus, wo de Finster heel upluchten. As nu de Mudder dorüm bäden dä, ob se nich öwer Nacht door bliewen kunnen un ok soo'n lütten Brootknust kriegen, door schotten de Lüüd jem de Döör vör de Nääs hen too.

Just so güng jem dat ok an mannig anner Huusdöör. Jümmer hett dat heeten: »Makt bloß, dat ji wieterkamt – wi hebbt doch sülvs nix to biten!«

Door worr dat arme Wief man ganz benaut un jammer usen Herrgott wat vör, dat disse Minschen so gornich een weeket Hart wiesen wullen. Toletz harr se keen Kraft mehr to lopen, sett sik dal up'n Moordamm un slööp d' bi in, mit ehr Kinner anne Siet in Snee un Ies. Annern Dag hebbt se jem funnen, klamm un doot.

Von disse Tiet an kummt de arme Fro in mannig Näwelnächten öwert Moor as een Spöök. In de Schummeree stiggt ut den Näwel een grusig Gestalt: Dat Moorwief swevt övert Land. Un door, wo't dalfallen deit un sien gries Näwelhand up dat Dack leggt, kummt denn de Dood in't Huus.

Un jümmer is dat een Kind, dat he hoolt. Dat makt de Flook von de arme Mudder, de de Lüüd in ole Tieden narns rinlaten wullen.

De Hex von Wils

Bidat Dörp Wils (Wilstedt), an' Hexenbarg bi Hofkoh, dor is in ole Tieden mannigeen Froonsminsch verbrennt worrn, und dat bi lebennig Liev.

Dor worr seggt, se weern Hexen wäsen. Een von jem weer Anne Willenbrock, een smucke Deern as Melk un Bloot, vull von Freid un Läbenslust. Jedereen in' Dörp, de much ehr liern. Koorl Cordsen, dat weer een tämlich olen un bannig rieken Buur. He wull so geern ehr Brögam wäsen un klabaster achter ehr her as de Düwel achter'n arme Seel. Man ehr Hart, dat slöög för den Cord Wülping, un dat all lange Tiet.

Geern luster se to den Gesang von aal de Vogels, wenn de an' Maidag weern an tiriliern. Denn much se aal de scheunen Blomen liern un freu sik jümmers bannig, wenn se den Mond un aal de glitzern Steern an' Häben seech.

Cordsen ober sleek ehr no un kunn un kunn dat nich loten, sik ehr in den Weg to stellen un to bäärn, se schull man up em hör'n.

Anne ober harr nix in' Sinn mit dissen afsunnerlichen olen Keerl. De worr nu bannig füünsch un vertell in' Dörp, dat disse Deern mit den Düwel tohopen läben dä, wat nix Goors to bedüürn harr. Anne ober kreeg lange Tiet nix von aal de Snackeree to hör'n. Eens Dogs nu worr se vör den Richterstohl tarrt, un mit Tronen in de Oogen sä se, dat mit den Düwel, dor weer gor nix von wohr.

As nu de Folterknechten ehr to foten kregen, dor jammer se luthals üm Hülpen un reep no ehrn Brögam Cord Wülping. Man de kunn ehr ok nich helpen. Dor hebbt de Knechten ehr so gräsig schikaniert, dat se meist in Ohnmacht fallen dä. In ehr blanke Not, dor schree se: »Loot von mi af – ik bün doch den Düwel sien Brut!«

Dor worr se verbrennt, as armselig Hex, dor up den lüttjen Barg bi Hofkoh, de unschullig arme lütt Deern.

Nachwort*

Wo immer auf der Welt Menschen Naturereignisse bestaunten und sich diese nicht erklären konnten, da kam ihre Fantasie »in Schwung« und es entstanden Mythen, Sagen und Märchen. Da ist die Rede dann von geheimnisvollen Mächten, von guten und bösen Geistern, von Tierungeheuern, Riesen oder Zwergen.

Wo immer auf der Welt Menschen durch ihresgleichen verursachte oft tragische Ereignisse erlebten, da wurden diese Geschichten von Mund zu Mund und Generation zu Generation weitergegeben, verändert und ausgeschmückt.

So ist es denn auch zu den hier vorliegenden Sagen und alten Geschichteen gekommen, die Wilko Jäger dankenswerterweise

* Nachwort zur 1. Auflage 2005

aus selten gewordenen Quellen und mündlichen Überlieferungen aufgespürt, zusammengestellt und zum Teil neu gefasst hat.

Jeder Leser wird erstaunt darüber sein, wieviele Ereignisse sich in unserer Region zwischen Teufelsmoor und Unterweser so oder so ähnlich abgespielt haben sollen. Und es wird deutlich, dass die viel zitierte »gute alte Zeit« oft alles andere war als »gut«. Da wimmelt es von unheimlichen Spukgeschichten, Gespenstern, Hexen und Moorweibern, von Räubern und Kriegstreibern. Da wird die verheerende Weihnachtsflut zu Aschwarden von 1717 und der Untergang der Stedinger Bauern in drastischen Worten beschrieben. Da kommen die brandschatzenden Wikinger vor. Da färbte sich die Elbe vom Blut der geschlagenen Askomannen.

Wir erfahren aber auch, wie die Birke ins Moor kam und woher so mancher Ortsname tatsächlich oder angeblich stammt. Dem Leser bietet sich ein ebenso aufschlussreiches wie abwechslungsvolles Kaleidoskop. Höchste Zeit, dass diese Dokumente wieder zur Verfügung stehen, nicht zuletzt als spannender Lesestoff für die Schulen. Es besteht sonst die Gefahr, dass dieser Teil unserer Kulturgeschichte in unserer schnelllebigen Zeit vergessen wird, da die mündlichen Überlieferungen zu versiegen droht.

Heinz Lemmermann (†)

Quellennachweis

Johann Behnken, Unterm Sagenbaum, Bremen 1936
A. von Dübring, Ehemalige und jetzige Adelssitze im Kreise Osterholz, Stader Archiv 1938
Heinrich Hoops, Geschichte der Börde Lesum, Bremen 1909
A. Kohlenberg. Das schwimmende Land von Waakhausen, Aufsatz aus der Zeitschrift »Globus«, Braunschweig, 1898
Will-Erich Peuckert, Bremer Sagen, Göttingen o.J.
Wilhelm Scbarrelmann, Katen im Teufelsmoor, Bremen 1983
Heinrich Schriefer, Worpsweder Bilder, Lilienthal 1907
Aus dem Moor I, De »rothe Gerd« und andere Geschichten, Bremen 1892
Heinrich Scbmidt-Barrien, Water över Weyerdamm, Osterholz-Scharmbeck 1995
Friedrich Wäbekindt, Festschrift des Ritterhuder Schützenvereins 1958
Johann Segelken, Osterholz-Scharmbecker Heimatbuch[4], Osterholz-Scharmbeck 1987
Hans Wohltmann, Sagen aus dem Lande zwischen Niederelbe und Niederweser, Band I, Zeven 1979, Band II, Selbstverlag des Stader Geschichts- und Heimatvereins 1963
Gemeinde Ritterhude, Vom Adligen Gericht zur Gemeinde Ritterhude, Lilienthal 1996.
Carl Thalenhorst, Bremen binnen und buten, 2 Bände, Bremen, 1955-57

Karl Paetow, Die schönsten Wesersagen, Hannover 1961

Fritz Bekker, Geschichte des ehemaligen Gerichts und heutigen Kirchspiels Neuenkirchen, Blumenthal 1900

Horst Zientz, Schwanewede - ein Dorf im Herzogtum Bremen auf der Geest, Schwanewede 1991

Wilko Jäger, Unter Reetdächern und alten Bäumen, Arbeitskreis Meyenburg e.V. 2002

Friedrich Spengemann, Altes und Neues aus dem alten St. Magnus, Bremen 1957

Alfred Tietjen, Blumenthal - meine Heimat, Nordwestdeutsche Landeszeitung, 1937

Hermann Allmers, Werke in Auswahl, 2. Auflage, Bremerhaven 2000

Bernd Ulrich Hucker, Hermann Allmers und sein Marschenhof, Oldenburg 1981

Friedrich Kühlken, Zwischen Niederweser und Niederelbe, Osterholz-Scharmbeck 1950

Heinrich Scbmidt-Barrien, Aus meinen Jungensjahren, Heide 1992

Heimatbund der Männer vom Morgenstern, Die Samtgemeinde Hagen, Heimat zwischen Marsch, Moor und Moränen, Bremerhaven 2002

Heinz B. Maass, Neues aus dem alten Stedingen, Lemwerder 1990

Wilko Jäger, Zu Hause zwischen Geest und Strom, Lilienthal 1998

In dieser Reihe sind erschienen

Wilko Jäger

Sagen und Geschichten aus dem Teufelsmoor

Band 2
Beiderseits der Wümme

112 S., HC m. Schutzumschlag
12,90 Euro
ISBN 978-3-95494-257-2

Aus dem Inhalt: Wie Lilienthal zu seinem Kloster kam, Räuberhauptmann Stoffer Oldenbüttel, Der wilde Räuber Jürgen, Die Kirchenwurt zu St. Jürgen, Der hölzerne St. Georg, Die Braut von Wasserhorst, Der seltsame Schimmel, Der Trotzkamp in Hambergen, Die Räuber von Grubendaal, Die Vertreibung des Hamberger Hünen, Der Silbersee von Wallhöfen, Die »Wüste Stätte« zu Scharmbeck, Der Schwarze Vogt u.v.m.

Mit ausgewählten plattdeutschen Texten von Heinz Lemmermann (†).

Cornelia Kenklies

Sagen und Geschichten aus dem Alten Land

128 S., HC m. Schutzumschlag
14,90 Euro
ISBN 978-3-95494-261-9

Aus dem Inhalt: Der Wolf von Francop, Der Junker ruft, Die schwedische Deichwacht, Mieken Borchers, Stuufstert, Starenkönig, hilf, Saure Suppe, Der Zwetschenpfannkuchen, Gesche von Husen aus Huttfleth, Metje Pape und die Kosaken, Altländer Hochzeit, Schlittenfahrt auf der Elbe um 1840, Fährhaus Kirschenland, Die schmucke Tanne, Butterblume und Distel, Von der klugen Maus, Adebar und der Frosch, Zwischen zwölf und eins, Besuch im Dunkeln, Der unterirdische Gang bei der Esteburg, Vom eisernen Knopf, Der König von Tonga, Als Knecht Niklas übers Wasser ging.

Inkl. Ortsregister

Weitere Titel aus der Region

Christa Picard
Mord im Moorexpress

Krimi, 4. Auflage
192 S., TB, 14 x 19 cm
9,90 Euro
ISBN 978-3-95494-139-1

Gerade hat der Moorexpress seine letzte Saisonfahrt vom Weihnachtsmarkt in Stade nach Osterholz-Scharmbeck beendet, da entdecken die Eisenbahner in ihrem Zug einen Toten. Die Mordkommission steht vor einem Rätsel …

Der Krimi handelt in nahezu allen Orten an der Moorexpress-Strecke: Bremen – Osterholz-Scharmbeck – Gnarrenburg – Worpswede – Bremervörde – Stade.

Firoozeh's
Teufelsmoor Saga

Band 1: Der Rote Gerd
252 S., TB, 14 x 19 cm
14,90 Euro
ISBN 978-3-95494-241-1

Seit Anbeginn kursieren im Teufelsmoor zahlreiche Geschichten über unerklärliche Phänomene und sagenhafte Gestalten. Die Legende des Roten Gerd ist eine davon. Der berüchtigte Schmuggler bot der Königlichen Regierung in Hannover allein die Stirn, als diese höhere Abgaben von den Moorbauern und Torfschiffern verlangte. Er soll mit seinem Torfkahn im Moor versunken sein und als Geist sein Unwesen getrieben haben. Doch stimmt das überhaupt? Lesen Sie selbst!